Dieses Buch gehört:

Was kommt dabei heraus, wenn...

...der unglücklichste Mensch auf der Welt, der mit seinem Leben bereits abgeschlossen hat und nur den letzten Schritt noch nicht vollzogen hat, wenn dieser Mensch in seiner dunkelsten Stunde eine Erleuchtung hat?

Eine Erleuchtung über das Geheimnis des Glücks.

Und wenn dieser Mensch erfährt, dass Glück so mühelos und einfach zu erlangen ist, dass selbst er, der ohne jegliche Kraft, Energie und Motivation, selbst er, es schaffen kann, dieses Glück zu erlangen?

Und wenn dieser Mensch es also versucht und das Glücksgeheimnis erkundet, jeden Tag ein bisschen etwas davon anwendet und merkt, dass es tatsächlich funktioniert, das Glücksgeheimnis, und es ihm von Tag zu Tag und von Woche zu Woche besser geht und er glücklicher wird?

Was kommt dann also dabei heraus?

Diese Glücks-Anleitung kommt dabei heraus

Petra Körber

Glück in 3 Minuten

Das ultimative 3-Minuten-Programm zum Glücklichsein

Glücks-Journal inklusive

Dieses Buch ist dem Menschen gewidmet, der auch in der größten Krise meines Lebens für mich da war, mich nicht aufgegeben hat, als ich unausstehlich war, der mich unterstützt und ermutigt hat und der das größte Glück in meinem Leben ist, you know who I mean... ✱ ✱ ✱

Für noch mehr Glück:
www.mein-gluecksjournal.de

Folge mir:
Instagram @gluecksjournal
Facebook @gluecksjournal

1. Auflage, 2023
Autor, Gestaltung, Lektorat: Petra Körber, Sonnenhalde 13, 78345 Moos
Druck: Print-on-Demand
ISBN: 978-3-00-075887-4
Copyright © 2023 by Petra Körber

Warum Du dieses Glücks-Programm brauchst...

Jetzt bist Du da, an diesem Punkt Deines Lebens, an dem Du schon so viele falsche Entscheidungen getroffen hast. Glücklich bist Du schon lange nicht mehr oder warst es auch noch nie?

Du denkst Dir, dass Du nur glücklich sein kannst, wenn Du dieses oder jenes hättest. Meist ist dieses oder jenes etwas Materielles, Geld oder Erfolg und Anerkennung. Das ist sicher hilfreich, um sich zufrieden und glücklich zu fühlen, aber notwendig ist es für Dein Glück nicht.

Hast Du Dich nie gefragt, wie es sein kann, dass Menschen in Dritte-Welt-Ländern strahlen und glücklich sind? Und dabei sind sie arm! Oder wie es sein kann, dass es so viele berühmte und erfolgreiche Menschen und Stars gibt, die alles haben: eine tolle Villa am sonnigsten Ort der Welt, Autos, Reichtum und von ihren Fans gefeiert werden und doch todunglücklich sind und Schlagzeilen machen, weil sie in einer Suchtklinik landen oder Selbstmord begehen?

 ### *Für Dein Glück brauchst Du Dich nicht verbiegen*

Das kann nur zu einem Schluss führen: Glück hat nichts mit Reichtum und Erfolg zu tun. Du kannst es also getrost lassen, Dir hochtrabende Ziele zu stecken und so bitterlich um den Erfolg zu kämpfen. Du musst Dich nicht mehr verbiegen, um etwas zu erlangen oder Reichtum anzusammeln. Vergiss all die Ratgeber, die Dir suggerieren, was Du alles tun musst, um erfolgreich zu sein und wie Du reich werden kannst. Das alles brauchst Du nicht, um wirklich glücklich zu sein.

Reichtum und Erfolg sind nicht die Allheilmittel für ein glückliches Leben. Die Gesellschaft gibt es vor und jeder strebt danach, aber das ist der falsche Weg. Strebe nicht nach
Reichtum und Erfolg, sondern nach Glück. Das ist ein ganz anderer Weg. Reichtum und Erfolg können auf diesem Weg liegen, aber sie müssen es nicht.

 ### *In nur drei Minuten täglich Stück für Stück zum Glück*

Wovon hängt Glück dann also ab? Was brauchst Du, um glücklich zu sein? In diesem Buch zeige ich es Dir. Du brauchst täglich nur ca. 3 Minuten Deiner Zeit zu investieren. Du musst Dich nicht verbiegen, Dir Ziele setzen oder Dich in Rollen zwängen, die Du gar nicht ausfüllst. Es erwartet Dich kein hartes Arbeitsprogramm, sondern es wird Dir ein Vergnügen sein, Dich Schritt für Schritt an Dein Glück heranzutasten. Ganz easy, ganz leicht.

Es sind zwei ganz einfache Dinge, die bestimmen, ob Du glücklich oder unglücklich bist. Es ist fast schon zu einfach. Deswegen findet es keine Beachtung und alle streben nach komplizierten Erfolgsprogrammen und jeder quält sich Tag für Tag durchs Leben in der Hoffnung, irgendwann die Belohnung in Form von einem bisschen Glück zu ergattern. Wenn Du nun auch das Geheimnis des Glücks ergründen willst, dann blättere um und starte durch...

Das Glücksprinzip

Du fühlst Dich wie die Summe Deiner Emotionen, somit ist das Glücksprinzip in einem Satz ganz einfach erklärt:

" *Glück ist, wenn Du mehr positive als negative Emotionen empfindest. (Studien zur positiven Psychologie behaupten 3 x mehr!)* **"**

That's it.

Achte also mal auf Deine Emotionen und identifiziere die Auslöser Deiner Emotionen. So findest Du die Bausteine zu Deinem persönlichen Glück.

Diese Anleitung hilft Dir dabei, Deine Emotionen kontinuierlich zu beobachten, und leitet Dich an, wie Du Deine positiven Emotionen vervielfältigen und Deine negativen Emotionen minimieren kannst. Mit der Zeit wirst Du mehr positive Emotionen als negative Emotionen in Deinem Leben haben und ehe Du Dich versiehst, hat das Glück bei Dir Einzug gehalten. Und dazu brauchst Du nur 3 Minuten täglich investieren und Dir am Ende jeder Woche zwei Bereiche herauspicken und diese in der kommenden Woche verändern - ohne zusätzlichen Arbeitsaufwand: einfach in Deinen Alltag integriert.

🙌 Sollte es tatsächlich so einfach sein? Ja, das ist es!

Sicher fallen Dir jetzt ganz viele „Ja, aber..'s" bzw. Einwände ein, die dagegen sprechen. Diese sind auch berechtigt und werden in den Theorieteilen aufgegriffen und erklärt, warum sie nicht stand halten können. So dass Dich keine Hindernisse auf dem Weg zum Glück aufhalten.

😟 Behalte dies im Hinterkopf, wenn Du Dich zurzeit unglücklich fühlst:

Das Glück kommt nicht als eine große Welle und überschüttet Dich. Es sind vielmehr kleine Tropfen, die das Unglücklichsein nach und nach verdrängen. Wenn Du Dich auf die Jagd nach positiven Emotionen machst (was Du mithilfe dieser Anleitung tust), dann erzwinge nicht sofort die ganz großen positiven Emotionen. Es ist ok, nach den großen positiven Emotionen zu streben, aber bestehe nicht darauf, dass Deine Emotionen gleich enthusiastisch sein müssen. Für den Anfang ist es auch schon gut, dass aus einer negativen Emotion eine neutrale Emotion wird. Die ist zwar noch nicht so toll wie eine Euphorie, aber immerhin auch nicht mehr schmerzhaft. Und das ist in Deiner unglücklichen Situation doch schonmal viel wert, oder?

Anleitung:
So funktioniert Dein Glücks-Programm

Das Glücks-Programm ist in vier Teile untergliedert:

1.)
Diese Einführung und eine kurze Erklärung, was das Glücksprinzip ist, damit Du nachvollziehen kannst, warum diese Methode funktioniert. Das hast Du bereits gelesen.

2.)
Ein Glücks-Journal, in das Du jeden Tag Deine Einträge machst. Diesen Teil bearbeitest Du konsequent und regelmäßig, denn mit diesen Einträgen bringst Du Dich jeden Tag Deinem Glück einen Schritt näher.

3.)
Kurze theoretische Einheiten, die sich mit Deinen „Ja, aber..'s" bzw. „Was, wenn..'s", die Dir eventuell in den Sinn kommen, beschäftigen. Diese kannst Du lesen, wenn sie Dich betreffen oder interessieren, musst Du aber nicht.

4.)
Zusätzliche Übungen für besonders eifrige Glückssucher. Mit diesen Übungen wirfst Du den Turbo an, um noch schneller zum Glück zu kommen. Sie sind aber nicht erforderlich, denn zu Deinem Glück findest Du auf jeden Fall, wenn Du dieses Buch bearbeitest.

Wie versprochen, benötigst Du nur 3 Minuten am Tag.
Und so geht's:

> **1.) Reflektiere Deine Gefühle, die Du an diesem Tag hast.**
>
> **2.) Trage diese Gefühle in die entsprechende Spalte für positive oder negative Emotionen ein.**
>
> **3.) Schreibe die Ursache, die der entsprechenden Emotion zugrunde**

Vielleicht kannst Du Deine Emotionen auch schlecht zuordnen, weil nur ein Gefühl vorherrscht, sozusagen über allem schwebt. Versuche, dieses zu identifizieren und zu ergründen, warum es da ist.

Normalerweise besteht Dein Gefühlsleben aus einer Vielzahl von Einzelemotionen, großen und kleinen Glücksmomenten, dazwischen auch Ärger, Wut oder Schmerz. Versuche, die größten und bedeutsamsten festzuhalten. Besonders die, denen Situationen zugrunde liegen, die immer wieder auftauchen und keine einmaligen Momentaufnahmen sind. Denn diese sind es, die Dein Glück langfristig beeinflussen und mit denen Du arbeiten kannst.

Die Wochenaufgabe

Einmal wöchentlich, am Ende der Woche, wartet noch eine kurze Zusatzaufgabe auf Dich, die ebenfalls nicht viel Zeit in Anspruch nimmt. Mit dieser Aufgabe machst Du Dein Glück greifbar.

Dazu pickst Du Dir jeweils eine Sache heraus, die Dir in dieser Woche positive Emotionen bereitet hat und überlegst Dir, wie Du diese Sache in der nächsten Woche wiederholen oder verstärken kannst. Das Gute dabei ist: Du hast diese Situation bereits erlebt, die Wahrscheinlichkeit, diese erneut zu erleben oder zu verstärken ist also groß. Du musst demnach keinen unerreichbaren Wünschen hinterher jagen.

🗨 *Beispiel:*

> *Du hast Dich in der Woche mit einer Freundin/einem Freund getroffen, Ihr hattet Spaß und die Zeit ist wie im nu verflogen. Jetzt kannst Du beschließen, Dich mit dieser Freundin/diesem Freund in der nächsten Woche wieder zu verabreden.*

Ebenso greifst Du Dir eine Sache, die Dir negative Emotionen bereitet hat, heraus und überlegst Dir, wie Du diese Sache aus Deinem Leben eliminieren oder verändern kannst und setzt das in der nächsten Woche in die Tat um.

🗨 *Beispiel:*

> *Du bist genervt, weil Du eine Tätigkeit machen musst, die Du überhaupt nicht gerne machst: z.B. Hemden bügeln. Du beschließt, dass Du diese Aufgabe jemand anderem auf's Auge drückst (Besitzer*in der Hemden, Deiner Mutter oder einem professionellen Bügelservice).*

Wenn Du Deine Vorhaben in der jeweils darauffolgenden Woche umsetzt, verändert sich Dein Leben Schritt für Schritt: es kommt jede Woche etwas Positives dazu und etwas Negatives fällt weg oder wird neutralisiert.

🖐 *Nutze beide Stellschrauben*

Vielleicht fragst Du Dich, warum Du Dich überhaupt mit den negativen Dingen auseinandersetzen musst und Dich nicht ausschließlich auf die positiven Dingen konzentrieren kannst. Das machst Du auch, aber nicht ausschließlich. Es gibt nunmal zwei Stellschrauben, die positive und die negative. Wäre es nicht einseitig nur an einer zu drehen? Kann es denn funktionieren, wenn Du nur an einer Stellschraube drehst? Klar ist es toll, sich nur auf das Positive zu fokussieren, aber verschwindet das Negative dadurch? Nein, meistens nicht. Also pack es an und sorge selbst dafür, dass es verschwindet. So machst Du Platz für die positiven Dinge, an denen Du gleichzeitig arbeitest.

Am Ende der darauffolgenden Woche machst Du es wieder genauso, Du greifst Dir wieder eine (andere) positive und negative Sache heraus und bearbeitest sie. Das wird Dir von Woche zu Woche leichter fallen. Du bearbeitest also kontinuierlich Dinge, so dass mit der Zeit die positiven Dinge zunehmen und die negativen Dinge abnehmen. Somit hast Du insgesamt mehr positive als negative Emotionen und wie Du inzwischen weißt, ist das der Schlüssel für Dein Glück.

 Ist das alles? - Ja, das ist im Prinzip alles!

 Warum musst Du das alles aufschreiben?

Indem Du Deine Gefühle niederschreibst, was für Dich nicht viel Aufwand ist, machst Du Dir bewusst, was gerade in Deinem Leben passiert. Dein Unterbewusstsein fängt an zu arbeiten, beschäftigt sich damit und holt die Dinge in Dein Bewusstsein, damit Du sie bearbeiten kannst.

Wenn Du es nicht aufschreibst und die Dinge „nur" durchdenkst, kommst Du zudem immer in dieselben Gedankenschleifen und Grübeleien. Das Schreiben zwingt Dich dazu, die Dinge genau und exakt zu benennen. Du nimmst Dir bewusst die Zeit, um Dich mit Deinen Emotionen zu beschäftigen. Gedanklich allein ist die Gefahr groß, dass Deine Überlegungen im Sande verlaufen.

 Morgens oder abends?

Sicher macht es Sinn, wenn Du Deine täglichen 3 Minuten abends investierst. Denn dann sind die Erinnerungen an den Tag noch frisch. Aber das darfst Du entscheiden und machen, wie es am besten in Deinen Tagesablauf passt. Wenn Du z.B. abends komplett erschöpft bist, dann können selbst 3 Minuten zu viel sein. Dann machst Du es am nächsten Morgen, wenn Du frisch und ausgeruht bist. Falls Du aber zu der Sorte Morgenmuffel gehörst, der morgens kaum aus dem Bett kommt und sich hetzt, damit er nicht zu spät ist, dann macht es wiederum keinen Sinn, denn dann wirst Du es vernachlässigen... Du kannst dieses Buch auch den ganzen Tag mit Dir führen und jedesmal, wenn Du eine (intensive) Emotion erlebt hast, sie direkt in das Glücks-Journal eintragen, „just in time" sozusagen.

Die Gefahr, dass Du es schleifen lässt, solltest Du so klein wie möglich halten. Falls Du Deine Einträge nicht „just in time" machst, suche Dir also einen festen Zeitpunkt am Tag aus, den Du möglichst immer einhalten kannst. Das kannst Du schaffen, der Tag hat 1.440 Minuten; 3 Minuten davon kannst Du für Dein Glück erübrigen.

Alles klar? Wann startest Du? Es gibt nur zwei Zeitpunkte dafür:

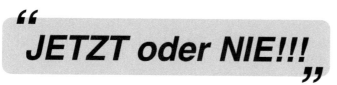

Sanfter Einstieg - die erste Woche

In der ersten Woche steigst Du noch nicht voll ein. Sie dient dazu, Dich mit Deinen Emotionen vertraut zu machen und dass Du lernst, Dich bewusst mit ihnen zu beschäftigen. So schulst Du Deine Achtsamkeit in Bezug auf Deine Emotionen.

Du hast also in der ersten Woche nichts weiter zu tun, als Dir Deine Emotionen bewusst zu machen. Wenn Du das eine Woche geübt hast, startest Du in der zweiten Woche voll durch, denn dann ist es für Dich schon fast Gewohnheit, Deine Emotionen bewusst wahrzunehmen und Du kannst sie dann auch den vorangegangenen Ereignissen/Situationen, die die Emotionen verursacht haben, zuordnen.

Falls Du heute schon bereits ein achtsamer Mensch bist und Deine Emotionen spürst, musst Du sie nicht schulen und Du kannst direkt mit der zweiten Woche starten.

So geht's: Fülle die Tabelle aus, indem Du in die Spalten mit positiven, neutralen oder negativen Smileys versiehst:

positive Emotion 🙂   neutrale Emotion 😐   negative Emotion 🙁

Du kannst auch gerne Deine Emotionen benennen statt Smileys zu zeichnen.

	Tag 1	Tag 2	Tag 3	Tag 4	Tag 5	Tag 6	Tag 7
morgens							
nachmittags							
abends							
nachts							

🖼️ *Deine Veränderung hin zum Glück*

Die Wahrnehmung und Bewusstmachung Deiner Emotionen ist schon die erste Hälfte der Veränderung. Die zweite Hälfte gehst Du aktiv an, nämlich mit der Wochenaufgabe.

Zusätzlich erhältst Du in den vielen theoretischen Teilen in diesem Buch wertvolle Anregungen zur Umsetzung. Diese sind ganz einfach gehalten, damit es für Dich nicht in einem Literaturstudium ausartet, Du aber Unterstützung bei der Bearbeitung Deiner „Ja, aber..'s" bzw. „Was, wenn..'s" bekommst. Lies sie nur, wenn es Dich betrifft oder Dich interessiert. Ansonsten sind sie nicht relevant für Deinen Weg.

Du findest auch viele zusätzliche, freiwillige Übungen - den Turbo. Diese kannst Du machen, musst Du aber nicht. Sie funktionieren wie ein Katalysator oder Turbo, damit Du noch schneller vorankommst. Deinen Weg zum Glück findest Du auch so.

Welche Emotionen gibt es überhaupt?

Am Anfang fällt es Dir vielleicht schwer, Deine Emotionen zu identifizieren.
Diese Aufstellung soll Dir dabei helfen.

Positive Emotionen

Liebe

Lachen / Freude / Spaß / Humor

Genuss

Wohlgefühl / Wohlbehagen

Zufriedenheit

Stolz

Dankbarkeit

Zuversicht

Freiheit

Begeisterung / Freude

Negative Emotionen

Wut / Ärger / Groll

Scham / Demütigung

Verletztheit

Enttäuschung

Trauer

Verzweiflung

Schreck/Irritation

Angst

Schmerz (physisch und psychisch)

Schuld / schlechtes Gewissen

Unbehagen / Unwohlsein

Neid / Gier / Eifersucht

Sorge / Zweifel

Hass

Frustration / Ungeduld

Resignation / Ohnmacht

Ist es nicht schade,
dass es mehr negative
als positive Emotionen gibt?

Was löst bei der Mehrheit der Menschen positive Emotionen aus?

Positive Emotionen sind rein subjektiv. Jeder Mensch empfindet anders und für jeden Menschen haben positive Emotionen unterschiedliche Ursachen. Dennoch gibt es Dinge, die bei der Mehrheit der Menschen positive Emotionen auslösen. Diese möchte ich Dir natürlich nicht vorenthalten. Vielleicht findest Du Dich wieder?

Flow-Tätigkeiten
Eine Flow-Tätigkeit ist eine Beschäftigung, in die Du Dich vollständig vertiefen kannst, alles um Dich herum ausblenden kannst und die Zeit vergisst. Als Kind warst Du bestimmt oft so sehr in Dein Spiel vertieft, dass Du die Zeit völlig vergessen hast bis Dich Deine Mutter rief, nicht wahr? Das war dann eine Flow-Tätigkeit. Bei der Flow-Tätigkeit bist Du im höchsten Maße konzentriert, Sorgen und Grübeleien haben also keine Chance. Zusätzlich wirst Du in einen Zustand aus angenehmer Erregung / leichter Euphorie versetzt, was eine positive Emotion darstellt. Was gibt es heute, dass Dein Zeitgefühl aussetzen lässt und Du ganz und gar im Erleben dieser Tätigkeit aufgehst? Notiere Dir spontam drei Tätigkeiten, bei denen das zutrifft.

Berufung
Mach eine Flow-Tätigkeit zum Beruf und schon hast Du Deine Berufung gefunden. Der Erfolg stellt sich von ganz alleine ein.

Ordnung und Struktur
Aufräumen, Sortieren, Gerümpel beseitigen und Putzen mögen lästige und ungeliebte Tätigkeiten sein, aber letztendlich weißt Du, wie gut es sich anfühlt und wie zufrieden Du bist, wenn Du Ordnung geschaffen hast. Dies gilt für die Ordnung des Umfelds, aber auch für die Ordnung im Inneren, wenn Du Dich von seelischem Ballast trennst, indem Du z.B. jemandem vergibst, Dich bei jemandem entschuldigst oder Streitigkeiten beilegst. Wenn Du erstmal damit angefangen hast, wirst Du merken, dass es leichter geht als erwartet und das Erfolgserlebnis eine sofortige positive Wirkung auf die Seele hat.

Regeneration und Schlaf
Wenn Dein Körper entspannt, produziert er den Gehirnbotenstoff bzw. die „Wohlfühldroge" Serotonin. Die beste Regeneration und somit die effizienteste Energietankstelle ist und bleibt der Schlaf, denn nur im Schlaf werden Deine Zellen repariert und die Selbstheilungskräfte können sich entfalten.

Glaube, Religion und Meditation
Wenn Du gläubig bist, weißt Du, wie positiv es sich anfühlt, wenn Du das Gefühl des „Urvertrauens" in Dir trägst. Das Gebet oder die Meditation wirkt zudem emotional regulierend und führt zu mehr positiven und weniger negativen Gefühlen und lindert somit Stimmungsschwankungen und Depressionen.

Bewegung und Sport

Bewegung ist ein einfaches Mittel, fit zu werden und Dein seelisches Gleichgewicht wieder zu finden. Bewegung erzeugt gute Gefühle sogar ganz zwangsläufig, weil Hormone (Dopamin, Serotonin und Endorphine) ausgeschüttet werden. Welche Sportart oder Bewegungsform Du wählst, ist relativ egal. Tanzen eignet sich besonders gut, da es Bewegung und Musik, was ein weiterer Erzeuger positiver Emotionen ist, miteinander kombiniert. Verstärken kannst Du die positive Emotion auch noch, indem Du Dich in der Natur bzw. an der frischen Luft bewegst.

Lieblingsessen

Sicher hast Du eine oder mehrere Lieblingsspeisen. Egal ob Du in einen Riegel Schokolade beißt, eine handvoll Chips zwischen Deinen Zähnen knusperst, Du Dein Lieblingsessen vorgesetzt bekommst oder ein tolles Menü im Restaurant bestellst: lecker essen bedeutet Genuss und Genuss erzeugt positive Emotionen.

Hast Du gewusst, dass Du auch die Ausschüttung Deiner körpereigenen „Wohlfühldrogen" Serotonin und Dopamin mit der Zuführung bestimmter Lebensmittel günstig beeinflussen kannst? Nahrungsmittel wie Bananen, Käse, Sojabohnen, Cashewnüsse, Erdnüsse, Linsen, Fisch, Weizenkeime, Sonnenblumenkerne, Sesam, Steinpilze und Weinzenkleie begünstigen den Serotonin-Ausstoß, Nahrungsmittel wie Eier, Milchprodukte, Hülsenfrüchte, Truthahn und Rindfleisch begünstigen den Dopamin-Ausstoß.

Natur

Deine Psyche braucht von Zeit zu Zeit einen Ausgleich zu TV, PC, Tablet und Smartphone. In der Natur kannst Du diesen Ausgleich finden, denn Du und Dein Körper sind Natur und in der Natur fühlt sich Dein Körper besonders wohl. Das belegen sogar Studien. In Japan gibt es den Trend des „Waldbadens", dabei wird der Wald mit allen Sinnen erlebt, z.B. barfuß auf dem Moosboden, Waldluft bewusst riechen, Sonne zwischen den Blättern erspähen etc. Sicher geht es Dir auch so, dass Meeresrauschen beruhigend und wohltuend auf Dich wirkt?

Die Bedeutung von Sonnenlicht spielt bei positiven Emotionen eine besonders große Rolle. Vielleicht geht es Dir auch so, dass Deine Stimmung eng mit dem Wetter verknüpft ist? Das ist kein Zufall, denn bei Sonnenlicht kommt es zur Ausschüttung Deiner körpereigenen „Wohlfühldrogen" Serotonin und Dopamin.

Musik

Musik ist Schwingung, die in der Lage ist, Deine innere Schwingung zu verändern und somit auch Deine Stimmung. Damit ist Musik so ziemlich die schnellste und unaufwändigste Möglichkeit, Deine Stimmung schnell zu verbessern.

Wenn Du zur Musik noch tanzt, dann kannst Du sogar doppelt profitieren, weil Bewegung ebenfalls zu den Auslösern positiver Emotionen gehört.

Musikstücke sind auch stark mit Deiner Erinnerung verbunden. Wenn Du ein altes Musikstück aus der Vergangenheit hörst, stellen sich sofort Erinnerungen und Gefühle der Vergangenheit ein. Das können positive als auch negative Situationen gewesen sein. Wenn Du also Musikstücke hörst, die Dich an glückliche Momente erinnern, stellt sich auch das Glücksgefühl von damals wieder ein. Oder Du findest neue Lieblingsstücke und drehst das Radio auf...

Kunst, Kultur und Literatur

Mit dem Eintauchen in die Welt der Kunst kannst Du immer Neues entdecken. Jede Beschäftigung mit einem Buch bedeutet positive Imaginationen in andere Welten. Du kannst Deine Aufmerksamkeit weg von Sorgen und negativen Gedanken steuern. Dazu kannst Du natürlich auch Filme, Fernsehen, Blockbuster und Serien nutzen. Wenn Du Dir Kunstwerke betrachtest, kann das auch Freude, Zuversicht und gute Stimmung in Dir erzeugen. Wenn Du selbst schöpferisch tätig wirst, kann dies sogar eine befreiende und heilende Wirkung auf Dich haben.

Anderen Menschen helfen (oder Tieren!)

Du musst kein Helfer-Syndrom haben, aber wenn Du einem anderen Menschen hilfst, stellt sich bei Dir automatisch ein gutes Gefühl ein. Und das kannst Du bereits mit Kleinigkeiten fördern: Tue jemanden einen Gefallen, sprich mit alten Menschen, die einsam sind, sag Deinem Partner, dass Du ihn liebst, lobe gute Leistungen, verteile Komplimente und verschenke Dein Lächeln so oft Du kannst. Wenn Du anderen hilfst, förderst Du Empfindungen wie Mitgefühl, Verständnis und Zufriedenheit und das wird als sinnstiftend wahrgenommen. Das Gefühl nicht gebraucht zu werden, lässt so manchen Menschen verkümmern. Somit haben beide Seiten was davon.

Soziale Beziehungen

Ein Grundbedürfnis des Menschen ist die soziale Zugehörigkeit. Wenn Du Dich mit Menschen, die Du magst oder sogar liebst, umgibst und mit ihnen Zeit verbringst, wirkt sich das positiv auf Deinen Gemützustand aus. Dabei geht es weniger um die Anzahl Deiner Sozialkontakte als vielmehr um die Qualität derselben, also Qualität vor Quantität.

Vorbilder

Hast Du Menschen oder Figuren, die Dich inspirieren oder sogar Vorbilder für Dich sind? Vorbilder geben Dir Orientierung und verkörpern Ideale, nach denen Du streben kannst. Das bewirkt einen wahren Motivationsschub. Also, lass Dich inspirieren - oder besser noch: werde selbst zum Vorbild.

Beauty und Wellness

Wenn Du eine Frau bist, weißt Du genau: Der Besuch beim Friseur, eine neue Frisur oder ein schönes Makeup reicht aus, um Glücksgefühle in Dir zu wecken. Sich Zeit nehmen und etwas für sich selbst zu tun, ist Genuss pur. Und Genuss erzeugt immer Glücksgefühle. Die Berührung bei einer Massage dient nicht nur der Heilung, sondern senkt nachweislich die Stresshormone im Körper und lässt Dich besser schlafen. Stell Dir Dein individuelles Wohlfühlprogramm zusammen, erlaubt ist, was gefällt.

Was passiert bei „Glück" biochemisch im Gehirn?

Du hast verschiedene Hormone und Gehirnbotenstoffe, die Dich Dein Glück spüren lassen. Die wichtigsten sind Dopamin, Serotonin, Oxytocin und Endorphine. Sobald diese Stoffe ausgeschüttet werden, hast Du positive Emotionen. Jeder Botenstoff erzeugt eine andere positive Empfindung. Es gibt verschiedene Möglichkeiten, wie Du eine Ausschüttung bewerkstelligen kannst. Allem voran natürlich, indem Du Situationen durchlebst, die für Dich positiv sind oder indem Du Tätigkeiten verrichtest, die Du gerne machst. Zudem kannst Du auch durch Ernährung die Ausschüttung beeinflussen.

Dopamin ist das Hormon, das Erregung und Euphorie auslöst. Da es aufgrund einer Wechselwirkung von Muskelstoffwechsel und dem limbischen System im Gehirn gebildet wird, entsteht es vor allem dann, wenn Du Dich bewegst. Desweiteren wird Dopamin ausgeschüttet, wenn Du Dich stolz fühlst, ein tolles Essen genießt, eine Belohnung bekommst, etwas gewinnst oder richtig coole Musik hörst.

Serotonin ist stimmungshebend und gibt Dir das Gefühl der Gelassenheit, der inneren Ruhe und Zufriedenheit. Dabei dämpft es eine ganze Reihe unterschiedlicher Gefühlszustände, insbesondere Angstgefühle, Aggressivität und Kummer. Ebenso wie Dopamin wird es durch Bewegung ausgeschüttet, wenn Du stolz bist oder Anerkennung erhältst. Auch die Sonne oder eine Massage kann Deinen Serotonin-Spiegel anheben. Zusätzlich ist es über die Ernährung beeinflussbar. Wichtig ist hierbei die Aminosäure Tryptophan, die besonders häufig in Fisch und Nüssen vorkommt. Aber auch Bananen und Kakao sind ein wichtiger Lieferant ebenso wie Vitamin B6, Vitamin D und Omega-3-Fettsäuren. Du kannst also selbst dafür sorgen, dass Dein Serotonin-Spiegel im Blut hoch ist.

Endorphine kann man als körpereigene Opiate bezeichnen. Sie bewirken einen euphorischen Rauschzustand. Auch hier ist Bewegung der entscheidende Faktor, denn wenn Du durch Bewegung einen Sauerstoffüberschuss erzielst, z.B. indem Du im aeroben Bereich trainierst, wird Endorphin ausgeschüttet. Einfacher kannst Du Endorphine allerdings im Körper freisetzen, indem Du lachst.

Oxytocin wird als „Kuschelhormon oder Bindungshormon" bezeichnet, weil es bei Umarmungen, Sex, einem Orgasmus und generell bei Hautkontakt ausgeschüttet wird. Es geht also mit positiver sozialer Interaktion und Intimität einher. Übrigens: auch ein Hund (oder ein anderes Haustier) lässt Deinen Oxytocin-Spiegel steigen.

Wie Du siehst, hast Du zahlreiche Möglichkeiten, Dir genussvolle Momente, Tätigkeiten oder Situationen zu kreieren, die einen Ausstoß Deiner Glückshormone bewirken und Dir positive Emotionen bescheren.

Also, warte nicht länger und fange an, Deine Emotionen zu checken und in eine positive Richtung zu verändern.

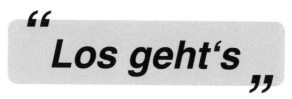

" Los geht's "

Datum: _____

Mo Di Mi Do Fr Sa So

Meine Emotionen heute

Positive Emotionen:

Diese Situation / dieses Ereignis hat die Emotion ausgelöst:

_____

_____

_____

_____

_____

_____

_____

_____

_____

_____

Negative Emotionen:

Diese Situation / dieses Ereignis hat die Emotion ausgelöst:

_____

_____

_____

_____

_____

_____

_____

_____

_____

_____

Datum: _____

Mo Di Mi Do Fr Sa So

Meine Emotionen heute

Positive Emotionen:

Diese Situation / dieses Ereignis hat die Emotion ausgelöst:

_____

_____

_____

_____

_____

_____

_____

_____

_____

_____

_____

Negative Emotionen:

Diese Situation / dieses Ereignis hat die Emotion ausgelöst:

_____

_____

_____

_____

_____

_____

_____

_____

_____

_____

_____

Datum: _____

Meine Emotionen heute

Positive Emotionen:

Diese Situation / dieses Ereignis hat die Emotion ausgelöst:

_____

_____

_____

_____

_____

_____

_____

_____

_____

_____

Negative Emotionen:

Diese Situation / dieses Ereignis hat die Emotion ausgelöst:

_____

_____

_____

_____

_____

_____

_____

_____

_____

_____

Meine Emotionen heute

Positive Emotionen:

Diese Situation / dieses Ereignis hat die Emotion ausgelöst:

Negative Emotionen:

Diese Situation / dieses Ereignis hat die Emotion ausgelöst:

Datum: _____

Mo Di Mi Do Fr Sa So

Meine Emotionen heute

Positive Emotionen:

Diese Situation / dieses Ereignis hat die Emotion ausgelöst:

_____

_____

_____

_____

_____

_____

_____

_____

_____

_____

_____

Negative Emotionen:

Diese Situation / dieses Ereignis hat die Emotion ausgelöst:

_____

_____

_____

_____

_____

_____

_____

_____

_____

Meine Emotionen heute

Positive Emotionen:

Diese Situation / dieses Ereignis hat die Emotion ausgelöst:

_____

_____

_____

_____

_____

_____

_____

_____

_____

Negative Emotionen:

Diese Situation / dieses Ereignis hat die Emotion ausgelöst:

_____

_____

_____

_____

_____

_____

_____

_____

_____

Datum: _____

Mo Di Mi Do Fr Sa So

Meine Emotionen heute

Positive Emotionen:

Diese Situation / dieses Ereignis hat die Emotion ausgelöst:

_____

_____

_____

_____

_____

_____

_____

_____

_____

_____

Negative Emotionen:

Diese Situation / dieses Ereignis hat die Emotion ausgelöst:

_____

_____

_____

_____

_____

_____

_____

_____

_____

_____

Wochenaufgabe

Dieses Ereignis / diese Situation, das / die mir positive Emotionen bereitet hat, werde ich nächste Woche wiederholen:

_____
_____
_____

Wie mache ich das?

_____
_____
_____
_____
_____

Wann genau?

_____
_____
_____

Dieses Ereignis/diese Situation, das/die mir negative Emotionen bereitet hat, werde ich nächste Woche verändern, eliminieren oder meine Einstellung dazu ändern:

_____
_____
_____

Wie mache ich das?

_____
_____
_____
_____
_____

Wann genau?

_____
_____
_____

Was, wenn ich mich ständig über Sachen ärgern muss?

Lies es, wenn es Dich betrifft!

Wie kannst Du Dir anhaltend positive Emotionen bewahren, wenn ständig etwas passiert, über das Du Dich ärgern musst? Wohin also mit diesem Ärger und der Wut?

Ist es ein kurzer aufbrausender Moment, z.B. ein dilettantischer Autofahrer vor Dir? Dann mach Deinem Ärger Luft, indem Du in Deinem geschlossenen(!) Auto wütest und schreist, dann bist Du wieder befreit oder Du malträtierst einen Boxsack in Deinem Fitness-Studio. Hauptsache rauslassen, ohne jemandem zu schaden.

Ist es eine Situation, die immer wieder auftaucht, z.B. ein Kollege, der ständig stört und Dich aus Deiner Konzentration reißt? Dann versuche die Situation zu verändern. Beispielsweise kannst Du mit dem Kollegen Zeitfenster vereinbaren, wann Du unbedingt ungestört sein willst bzw. wann er Dich ansprechen kann.

Ist es eine Situation, die in Deinem Leben präsent ist und Dir Dauerärger verursacht, z.B. Nachbarn über Dir, die ständig auf Deinem Kopf herumtrampeln? Dann zieh um. Von einer Situation, die Du nicht verändern kannst, musst Du Dich trennen. Ganz nach dem Sprichwort „Wenn Du ein Problem nicht lösen kannst, dann löse Dich von dem Problem".

Ist es eine Situation, die Du weder verändern noch Dich davon trennen kannst, z.B. wenn Dein Partner sehr eifersüchtig ist und Dir ständig Szenen macht, wenn Du etwas später als gewohnt nach Hause kommst (gesetzt den Fall, Du willst Dich NICHT trennen), was Dich sehr aufbringt und ärgert. Dann ändere Deine Einstellung dazu. Du kannst nämlich selbst entscheiden, wie Du eine Situation bewerten willst und damit Deine emotionale Reaktion darauf steuern. Was ich damit sagen möchte, ist, dass nicht die Situation Deine Wut auslöst, sondern Deine Einstellung und Deine Gedanken zu der Situation. Deine Einstellung kann destruktiv sein, etwa im Sinne von „das ist furchtbar, ich kann das nicht aushalten" oder aber auch konstruktiv „ich finde es schade, dass es so ist, aber ich bin bereits mit viel schlimmeren Dingen fertig geworden". Das ist übrigens auch die Erklärung, warum Menschen unterschiedlich auf ein und dieselbe Situation reagieren. Du kannst Deine Einstellung ändern, indem Du sie z.B. hinterfragst: Warum ist es schrecklich? Wo ist der Beweis, dass Du es nicht aushalten kannst? Entsprechen Deine Gedanken zu der Situation überhaupt der Wahrheit? Was also solltest Du denken, um Dich in dieser Situation nicht ärgern zu müssen? Wenn Dir Dein Partner also das nächste Mal eine Szene macht, kannst Du denken „er/sie verhält sich furchtbar, ich kann das ewige Streiten nicht aushalten, er/sie ist so ungerecht" und Deine Emotionen werden diesen Gedanken folgen und Du ärgerst Dich. Du kannst aber auch denken „es ist schade, dass er/sie sich so verhält, aber es zeigt mir, dass er/sie mich sehr liebt" und Deine Emotionen folgen diesen Gedanken wiederum und Du kannst gelassen bleiben. Das funktioniert nicht nur bei Ärger, sondern auch bei anderen negativen Emotionen. Versuch es doch einfach mal!
Allerdings muss ich Dir sagen, dass das Ändern von Einstellungen nicht von heute auf morgen funktioniert. Du musst über einen längeren Zeitraum bewusst auf Deine Gedanken achten und destruktive Gedanken immer wieder korrigieren.

Also, zusammengefasst hast Du folgende Möglichkeiten:

→ lass die Emotion raus

→ verändere die auslösende Situation

→ trenne Dich von der auslösenden Situation

→ ändere Deine Einstellung zu der auslösenden Situation

Bereits der Philosoph Seneca (1 n.Chr. - 65 n.Chr.) wusste, dass wir mehr in unserer Vorstellung leiden als in der Realität.

Alles hat seinen Sinn

Rufe Dir eine schlimme Situation, die Du erleben musstest, in Erinnerung.

Welche positiven Erkenntnisse und Folgen haben sich daraus ergeben oder wären nie eingetreten, wenn es diese Situation nicht gegeben hätte?	Was hast Du Positives aus dieser Situation gezogen und welchen Sinn macht es im Nachhinein, was ist Gutes daraus entstanden?
_____	_____

 Es ergibt alles einen Sinn, auch wenn man ihn nicht gleich entdeckt!

Meine Emotionen heute

Positive Emotionen:

Diese Situation / dieses Ereignis hat die Emotion ausgelöst:

Negative Emotionen:

Diese Situation / dieses Ereignis hat die Emotion ausgelöst:

Datum: _____

Meine Emotionen heute

Positive Emotionen:

**Diese Situation / dieses Ereignis
hat die Emotion ausgelöst:**

_____

_____

_____

_____

_____

_____

_____

_____

_____

_____

_____

Negative Emotionen:

**Diese Situation / dieses Ereignis
hat die Emotion ausgelöst:**

_____

_____

_____

_____

_____

_____

_____

_____

_____

Datum: _____

Meine Emotionen heute

Positive Emotionen:

Diese Situation / dieses Ereignis hat die Emotion ausgelöst:

_____

_____

_____

_____

_____

_____

_____

_____

_____

_____

_____

Negative Emotionen:

Diese Situation / dieses Ereignis hat die Emotion ausgelöst:

_____

_____

_____

_____

_____

_____

_____

_____

_____

Datum: _____

Meine Emotionen heute

Positive Emotionen:

Diese Situation / dieses Ereignis hat die Emotion ausgelöst:

_____

_____

_____

_____

_____

_____

_____

_____

_____

_____

_____

_____

Negative Emotionen:

Diese Situation / dieses Ereignis hat die Emotion ausgelöst:

_____

_____

_____

_____

_____

_____

_____

_____

_____

_____

_____

Datum: _____

Mo Di Mi Do Fr Sa So

Meine Emotionen heute

Positive Emotionen:

Diese Situation / dieses Ereignis hat die Emotion ausgelöst:

_____

_____

_____

_____

_____

_____

_____

_____

_____

_____

_____

Negative Emotionen:

Diese Situation / dieses Ereignis hat die Emotion ausgelöst:

_____

_____

_____

_____

_____

_____

_____

_____

_____

_____

Datum: _____

Meine Emotionen heute

Positive Emotionen:

Diese Situation / dieses Ereignis hat die Emotion ausgelöst:

Negative Emotionen:

Diese Situation / dieses Ereignis hat die Emotion ausgelöst:

Datum: _____

Mo Di Mi Do Fr Sa So

Meine Emotionen heute

Positive Emotionen:

Diese Situation / dieses Ereignis hat die Emotion ausgelöst:

_____

_____

_____

_____

_____

_____

_____

_____

_____

_____

_____

Negative Emotionen:

Diese Situation / dieses Ereignis hat die Emotion ausgelöst:

_____

_____

_____

_____

_____

_____

_____

_____

_____

_____

Wochenaufgabe

Dieses Ereignis / diese Situation, das / die mir positive Emotionen bereitet hat, werde ich nächste Woche wiederholen:

_____
_____
_____

Wie mache ich das?

_____
_____
_____
_____
_____

Wann genau?

_____
_____
_____

Dieses Ereignis/diese Situation, das/die mir negative Emotionen bereitet hat, werde ich nächste Woche verändern, eliminieren oder meine Einstellung dazu ändern:

_____
_____
_____

Wie mache ich das?

_____
_____
_____
_____
_____

Wann genau?

_____
_____
_____

Was, wenn Dinge zu teuer oder unerreichbar sind?

Kannst Du erst glücklich sein, wenn....? Dumm nur, dass sich diese „Wenn's" in den seltensten Fällen verwirklichen lassen. Sei es aus Mangel an Geld, an Möglichkeiten oder weil sie von anderen Menschen oder bestimmten Umständen abhängen.

Das solltest Du Dir unbedingt abschminken. Du kannst nicht nur dann glücklich sein, wenn Du ein bestimmtes Gut besitzt oder Du etwas bestimmtes erreicht hast. Du kannst jetzt sofort ohne Deine „Wenn's" glücklich sein.

Dennoch gibt es das eine oder andere, das dazu beitragen könnte, dass sich haufenweise positive Emotionen in Dir ausbreiten, stimmt's? Sicher ist aber ausgerechnet dieses „Wenn" zu teuer oder von anderen bzw. bestimmten Umständen abhängig!

 Da habe ich zwei ultimative Tipps für Dich:

> **1.) Bei teuren Wünschen: Leihen statt kaufen!**
> Viele Dinge, die Du Dir nicht kaufen kannst, kannst Du Dir ausleihen. Das ist für Deinen Geldbeutel erschwinglich und Du kannst es trotzdem voll und ganz genießen. Die positiven Emotionen stellen sich genauso ein, wie wenn Du es besitzen würdest.
> Also, leih Dir den Sportwagen, die Yacht, das Motorrad, die Luxus-Handtasche oder whatever einfach für ein Wochenende aus und genieß' es.

> **2.) Ergründe das Bedürfnis hinter der Sache, die Du Dir wünschst!**
> Wenn Du denkst, dass Du nur glücklich sein kannst, wenn Du diese eine Sache besitzt oder machen kannst, dann schau genauer hin und frage Dich: warum ist das so? Es ist nicht die Sache, die Dich glücklich macht, sondern die Befriedigung eines Bedürfnisses, das dahinter steckt. Welches? Das ist darfst Du herausfinden!

Ich gebe Dir einige Beispiele, damit Du siehst, was gemeint ist:
„Ich kann erst glücklich sein, wenn Dennis um meine Hand anhält" - Das Bedürfnis dahinter: Ich möchte Sicherheit und/oder ich möchte eine Familie gründen.
„Wenn ich einen Porsche hätte, wäre ich total glücklich." - Das Bedürfnis dahinter: Status bzw. Anerkennung/Wertschätzung und/oder Rausch der Geschwindigkeit.
„Ich wäre glücklich, wenn mein großer Bruder noch hier wäre." - Bedürfnis dahinter: Sicherheit und/oder Geborgenheit.

Wenn Du herausgefunden hast, welches Bedürfnis hinter Deinem Wunsch steckt, dann kannst Du Dich daran machen, eine Alternative zu finden, die Du Dir leisten kannst bzw. die für Dich erreichbar oder machbar ist und gleichzeitig Dein Bedürfnis erfüllt.

Z.B. kannst Du Dir ein erschwingliches Auto kaufen, das auch sehr schnell ist, wenn Dein Bedürfnis der Rausch der Geschwindigkeit ist oder Dir ein schnelles Auto mieten. Oder Du verbringst Zeit mit Personen bei denen Du Dich geborgen fühlst und die in Deiner Nähe sind, wenn Dein Bedürfnis Geborgenheit ist. Du musst die Sache, die Du Dir nicht leisten kannst oder die Du nicht erhalten kannst einfach nur ersetzen gegen eine Alternative, die Du Dir leisten kannst bzw. die für Dich machbar ist und genau dieses Bedürfnis befriedigt.

Opferausdrücke-Challenge

Versuche einen Tag lang, keine der folgenden Ausdrücke zu verwenden:

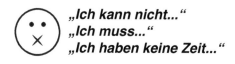

„Ich kann nicht..."
„Ich muss..."
„Ich haben keine Zeit..."

Falls es dennoch erforderlich ist und Du die Ausdrücke brauchst, versuche Sie damit zu ersetzen:

„Ich kann nicht..."	*„Ich muss..."*	*„Ich habe keine Zeit"*
„Ich werde nicht..."	„Ich werde..."	„Ich werde etwas anderes tun."
„Ich möchte nicht..."	„Ich möchte..."	„Das ist mir gerade nicht wichtig genug."
„Ich will nicht..."	„Ich habe mich für... entschieden."	
„Ich habe beschlossen, nicht zu..."	„Ich habe beschlossen,..."	

Datum: _____

Meine Emotionen heute

Positive Emotionen:

Diese Situation / dieses Ereignis hat die Emotion ausgelöst:

_____

_____

_____

_____

_____

_____

_____

_____

_____

_____

Negative Emotionen:

Diese Situation / dieses Ereignis hat die Emotion ausgelöst:

_____

_____

_____

_____

_____

_____

_____

_____

Datum: _____

Mo Di Mi Do Fr Sa So

Meine Emotionen heute

Positive Emotionen:

Diese Situation / dieses Ereignis hat die Emotion ausgelöst:

_____

_____

_____

_____

_____

_____

_____

_____

_____

_____

_____

_____

_____

Negative Emotionen:

Diese Situation / dieses Ereignis hat die Emotion ausgelöst:

_____

_____

_____

_____

_____

_____

_____

_____

_____

_____

_____

Datum: _____

Meine Emotionen heute

Positive Emotionen:

Diese Situation / dieses Ereignis hat die Emotion ausgelöst:

_____

_____

_____

_____

_____

_____

_____

_____

_____

_____

_____

Negative Emotionen:

Diese Situation / dieses Ereignis hat die Emotion ausgelöst:

_____

_____

_____

_____

_____

_____

_____

_____

_____

_____

_____

Meine Emotionen heute

Positive Emotionen:

Diese Situation / dieses Ereignis hat die Emotion ausgelöst:

Negative Emotionen:

Diese Situation / dieses Ereignis hat die Emotion ausgelöst:

Datum: _____

Mo Di Mi Do Fr Sa So

Meine Emotionen heute

Positive Emotionen:

Diese Situation / dieses Ereignis hat die Emotion ausgelöst:

_____

_____

_____

_____

_____

_____

_____

_____

_____

_____

Negative Emotionen:

Diese Situation / dieses Ereignis hat die Emotion ausgelöst:

_____

_____

_____

_____

_____

_____

_____

_____

_____

Datum: _____

Meine Emotionen heute

Positive Emotionen:

Diese Situation / dieses Ereignis hat die Emotion ausgelöst:

_____

_____

_____

_____

_____

_____

_____

_____

_____

_____

_____

_____

_____

Negative Emotionen:

Diese Situation / dieses Ereignis hat die Emotion ausgelöst:

_____

_____

_____

_____

_____

_____

_____

_____

_____

_____

_____

_____

_____

Datum: _____

Meine Emotionen heute

Positive Emotionen:

Diese Situation / dieses Ereignis hat die Emotion ausgelöst:

_____

_____

_____

_____

_____

_____

_____

_____

_____

_____

_____

Negative Emotionen:

Diese Situation / dieses Ereignis hat die Emotion ausgelöst:

_____

_____

_____

_____

_____

_____

_____

_____

_____

_____

_____

Wochenaufgabe

Dieses Ereignis / diese Situation, das / die mir positive Emotionen bereitet hat, werde ich nächste Woche wiederholen:

_____
_____
_____

Wie mache ich das?

_____
_____
_____
_____
_____

Wann genau?

_____
_____
_____

Dieses Ereignis/diese Situation, das/die mir negative Emotionen bereitet hat, werde ich nächste Woche verändern, eliminieren oder meine Einstellung dazu ändern:

_____
_____
_____

Wie mache ich das?

_____
_____
_____
_____
_____

Wann genau?

_____
_____
_____

Was, wenn der innere Schweinehund zu groß ist?

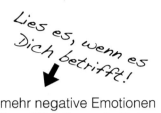

Lies es, wenn es Dich betrifft!

Wenn Du mehr positive Emotionen in Dein Leben holen und mehr negative Emotionen aus Deinem Leben verbannen willst, solltest Du bestimmte Dinge/Situationen in Deinem Leben verändern (siehe Wochenaufgabe). Laut Wochenaufgabe sollst Du eine Sache/Situation, die Dir positive Emotionen beschert hat, herausgreifen und in der kommenden Woche verstärken bzw. wiederholen und zusätzlich eine Sache/Situation, die Dir negative Emotionen verursacht hat, eliminieren oder zumindest abschwächen. Das ist ziemlich einfach, was also sollte Dich daran hindern? Die Macht der Gewohnheit alias Dein innerer Schweinehund!

⚡ Nimm der Gewohnheit die Macht

Die Macht der Gewohnheit ist eine der mächtigsten Kräfte, die es in Deinem Leben gibt. Vielleicht geht es Dir auch noch so, dass Du Euro-Preise heimlich in DM-Preise umrechnest - und das nach 20 Jahren. Daran erkennst Du, wie mächtig diese Kraft ist. Du kannst auch mal versuchen, Deine Zähne mit der anderen Hand zu putzen oder bei Deiner nächsten Mahlzeit Gabel und Messer zu tauschen, dann wirst Du ebenfalls erleben, wie fest Dich die Gewohnheit im Griff hat. Ist ja auch praktisch, denn alles, was automatisiert ist, kostet keine Energie.

Deine Gewohnheiten sind für Dich eine Art Komfortzone geworden, selbst wenn es sich um negative Gewohnheiten bzw. Gewohnheiten handelt, die ein negatives Resultat erzeugen. Denn Veränderung ist immer mit Anstrengung, Irritation und Angst vor dem Unbekannten verbunden und Du musst Dein sicheres Terrain verlassen. Das ist aber unausweichlich. Wusstest Du, dass es mindestens 99 Wiederholungen bzw. mind. 66 Tage braucht, um etwas Neues zu etablieren?

🧠 Von den Gewohnheiten in die Veränderung kommen

Kommen wir zu dem „WIE" der Veränderung. Am besten, Du machst Dir sofort einen Plan und unterteilst die Vorgehensweise in mehrere Teilschritte, die nur so groß sind, dass sie für Dich locker machbar sind. Versehe jeden Teilschritt mit einem fixen Datum für dessen Erledigung. Dann kannst Du starten und zwar sofort bzw. zum ersten Termin. Arbeite ein Schritt nach dem anderen ab. Vielleicht findest Du noch einen Gegenstand, der Dich an Dein Vorhaben erinnert. Den kannst Du dann gut sichtbar in Deinem Umfeld platzieren, das gibt Dir noch zusätzliche Motivation. Übrigens: Rückschritte sind ganz normal. Wirf deswegen nicht die Flinte ins Korn und mach weiter!

Du kannst Dein Gehirn auch mit bestimmten Fragestellungen überlisten. Damit kannst Du Deine Gedanken in eine ganz bestimmte Richtung lenken und Dich selbst motivieren. Das funktioniert von einem zum nächsten Augenblick - blitzschnell. Das klappt deshalb so gut, weil sich das Gehirn einer Frage nicht entziehen kann und sich ganz automatisch mit der Beantwortung auseinandersetzt, auch wenn Du das gar nicht bewusst machen willst. So kannst Du Dich von vorherrschenden negativen Gedankenmustern ablenken und Dich mit den richtigen Fragen den positiven Aussichten zuwenden und Dich motivieren.

Überwinde Deinen inneren Schweinehund sofort und gründlich mit diesen genialen Masterfragen:

Was würde die beste Version meines Ichs als nächstes tun?

Wie sieht die Situation aus, wenn ich die Veränderung geschafft habe?
(Male sie Dir mit allen Einzelheiten aus und empfinde das entstehende Gefühl.)

Was würde mir mein Vorbild jetzt sagen?
(Stelle Dir die Person vor, die für Dich ein Vorbild darstellt.)

Wenn die Veränderung stattfindet (wie durch ein Wunder über Nacht, ohne dass Du etwas dazu beiträgst), woran würde ich sie erkennen?

Meine Vorbilder und Idole

Hast Du Vorbilder oder Idole?

Meine größten Vorbilder:

_____
_____
_____

Warum ist das so? Warum sind das Deine Vorbilder? Welche ihrer Eigenschaften findest Du erstrebenswert?

Diese Eigenschaften haben meine größten Vorbilder:

_____
_____
_____
_____
_____

Meine Emotionen heute

Positive Emotionen:

Diese Situation / dieses Ereignis hat die Emotion ausgelöst:

_____
_____
_____
_____

_____
_____
_____
_____
_____
_____
_____

Negative Emotionen:

Diese Situation / dieses Ereignis hat die Emotion ausgelöst:

_____
_____
_____
_____

_____
_____
_____
_____
_____
_____

Meine Emotionen heute

Positive Emotionen:

Diese Situation / dieses Ereignis hat die Emotion ausgelöst:

_____

_____

_____

_____

Negative Emotionen:

Diese Situation / dieses Ereignis hat die Emotion ausgelöst:

_____

_____

_____

_____

Datum: _____

Mo Di Mi Do Fr Sa So

Meine Emotionen heute

Positive Emotionen:

Diese Situation / dieses Ereignis hat die Emotion ausgelöst:

_____

_____

_____

_____

_____

_____

_____

_____

_____

_____

_____

_____

Negative Emotionen:

Diese Situation / dieses Ereignis hat die Emotion ausgelöst:

_____

_____

_____

_____

_____

_____

_____

_____

_____

_____

_____

Datum: _____

Meine Emotionen heute

Positive Emotionen:

Diese Situation / dieses Ereignis hat die Emotion ausgelöst:

_____

_____

_____

_____

_____

_____

_____

_____

_____

_____

Negative Emotionen:

Diese Situation / dieses Ereignis hat die Emotion ausgelöst:

_____

_____

_____

_____

_____

_____

_____

_____

_____

Datum: _____

Meine Emotionen heute

Positive Emotionen:

Diese Situation / dieses Ereignis hat die Emotion ausgelöst:

_____

_____

_____

_____

_____

_____

_____

_____

_____

_____

Negative Emotionen:

Diese Situation / dieses Ereignis hat die Emotion ausgelöst:

_____

_____

_____

_____

_____

_____

_____

_____

_____

_____

Meine Emotionen heute

Positive Emotionen:

Diese Situation / dieses Ereignis hat die Emotion ausgelöst:

Negative Emotionen:

Diese Situation / dieses Ereignis hat die Emotion ausgelöst:

Meine Emotionen heute

Positive Emotionen:

Diese Situation / dieses Ereignis hat die Emotion ausgelöst:

_____

_____

_____

_____

Negative Emotionen:

Diese Situation / dieses Ereignis hat die Emotion ausgelöst:

_____

_____

_____

Wochenaufgabe

Dieses Ereignis / diese Situation, das / die mir positive Emotionen bereitet hat, werde ich nächste Woche wiederholen:

_____
_____
_____

Wie mache ich das?

_____
_____
_____
_____
_____

Wann genau?

_____
_____
_____

Dieses Ereignis/diese Situation, das/die mir negative Emotionen bereitet hat, werde ich nächste Woche verändern, eliminieren oder meine Einstellung dazu ändern:

_____
_____
_____

Wie mache ich das?

_____
_____
_____
_____
_____

Wann genau?

_____
_____
_____

Was, wenn ich weiß, was ich nicht will, aber nicht weiß, was ich will?

Lies es, wenn es Dich betrifft!

Wenn Dir alles keinen Spaß macht, mach etwas. Ja, genau, Du hast richtig gelesen. Mach einfach irgend etwas. Das muss Dir nicht wahnsinnigen Spaß machen, denn in diesem Zustand macht Dir ohnehin gar nichts Spaß, es ist einfach nur wichtig, dass Du etwas TUST. Suche Dir eine Tätigkeit oder noch besser ein Projekt und ziehe es durch. Auch wenn Dir ständig der Gedanke kommt „Ich hab keinen Bock, das ist doch alles Blödsinn" und das wird er, glaube mir. Tu's trotzdem, schon allein deswegen, weil Du es Dir vorgenommen hast. Basta. Denn wenn Du chronische „Unlust" hast und Du keinen Bock auf nichts hast, dann bist Du passiv und wartest, dass von draußen irgendetwas daher kommt, was Dir Freude macht. Tut es aber nicht. DU musst tätig werden! Also tu irgendetwas und befreie Deine blockierte Energie. Und wenn Du erstmal ins Tun gekommen bist, wirst Du merken, dass sich Deine Blockade (denn da ist eine Blockade) auflöst und Dir endlich klar wird, was Du gerne hast und gerne machst. Es ist so, wie wenn Du ein gebrochenes Bein oder einen gebrochenen Arm anfängst zu trainieren, nachdem der Gips ab ist. Zuerst fühlt es sich noch schwach an, aber je mehr Du trainierst, desto mehr Stärke kommt zurück.

Wenn Du dauerhaft nichts findest, was Du wirklich tun willst, steckt vielleicht mehr dahinter. Als Mensch bist Du darauf programmiert zu wünschen und zu wollen. Was ist also passiert, dass Du es nicht mehr weißt? Irgendjemand oder irgendwas muss Dich so stark ausgebremst haben, dass Du es regelrecht verlernt hast, Bedürfnisse zu spüren und Wünsche zu entwickeln. Du hast einen Mechanismus entwickelt, sie nicht zuzulassen bzw. zu verstecken, um sie in Sicherheit zu bringen oder sie zu schützen. Du bist zu oft enttäuscht und frustriert worden. Meist ist das in der frühen Kindheit passiert, indem Du ständig kritisiert wurdest, indem Du nichts selbst erkunden durftest, indem Dir alles verboten wurde oder indem Versprechungen nicht eingehalten wurden. Heute droht Deinen Wünschen und Bedürfnissen keine „Gefahr" mehr, Du findest lediglich den Zugang zu ihnen nicht.

Mach dies und finde wieder Zugang zu Deinen Wünschen:

Meditiere, verscheuche alte Gedankenmuster und höre auf Dein Bauchgefühl.

Sei achtsam und ergründe den Ursprung jeder Begeisterung in Dir.

Schule Deine Sinne, indem Du bei allem, was Du tust, alle Sinne benutzt.

Probiere neue Dinge aus und sorge für viel Abwechslung in Deinem Leben.

Breche bewusst Gewohnheiten (gehe woanders einkaufen, benutze einen anderen Weg, bestelle ein anderes Gericht in Deinem Stammrestaurant...).

Lerne neue Menschen kennen, erweitere Dein Netzwerk.

Suche neue und Dir unbekannte Orte auf.

Was will ich?

Freiwillige Turbo-Übung!

Diese magischen Fragstellungen können Deine geheimsten Wünsche ergründen!

✎ *Los geht's:*

Mit wem möchtest Du einmal einen Tag verbringen (auch Verstorbene, Fantasiefiguren, Tiere sind erlaubt) und warum?

_____

In welcher Zeit/Epoche würdest Du gerne einen Tag verbringen und warum?

_____

Womit hast Du Dich als Kleinkind/Schüler/Teenager am liebsten beschäftigt und warum?

_____

Welches Tier wärst Du gerne für einen Tag und warum?

_____

Aus den Warums ergibt sich die Lösung, denn aus Deinen Antworten werden sich bestimmte Dinge herauskristallisieren. Dann experimentiere in Gedanken damit, was Du damit anstellen kannst bzw. auf die jetzige Zeit übertragen kannst.

💬 *Beispiele:*

Ich würde gerne einen Tag mit Alfred Hitchcock verbringen, weil ich ergründen möchte, wie man spannende Krimi-Inhalte inszeniert.
—> *Leidenschaft für Krimi und Film*

Ich wäre am liebsten eine Katze, weil sie einen eigenen Kopf hat und dennoch Liebe und Futter bekommt
—> *Bedürfnis nach Sorglosigkeit, Freiheit, Geborgenheit*

Datum: _____

Meine Emotionen heute

Positive Emotionen:

Diese Situation / dieses Ereignis hat die Emotion ausgelöst:

_____

_____

_____

_____

Negative Emotionen:

Diese Situation / dieses Ereignis hat die Emotion ausgelöst:

_____

_____

_____

_____

Datum: _____

Mo Di Mi Do Fr Sa So

Meine Emotionen heute

Positive Emotionen:

Diese Situation / dieses Ereignis hat die Emotion ausgelöst:

_____

_____

_____

_____

_____

_____

_____

_____

_____

_____

_____

Negative Emotionen:

Diese Situation / dieses Ereignis hat die Emotion ausgelöst:

_____

_____

_____

_____

_____

_____

_____

_____

_____

_____

_____

Meine Emotionen heute

Positive Emotionen:

Diese Situation / dieses Ereignis hat die Emotion ausgelöst:

_____
_____
_____
_____

_____
_____
_____
_____
_____
_____

Negative Emotionen:

Diese Situation / dieses Ereignis hat die Emotion ausgelöst:

_____
_____
_____
_____

_____
_____
_____
_____
_____
_____

Datum: _____

Mo Di Mi Do Fr Sa So

Meine Emotionen heute

Positive Emotionen:

Diese Situation / dieses Ereignis hat die Emotion ausgelöst:

_____

_____

_____

_____

_____

_____

_____

_____

_____

_____

_____

Negative Emotionen:

Diese Situation / dieses Ereignis hat die Emotion ausgelöst:

_____

_____

_____

_____

_____

_____

_____

_____

_____

_____

Datum: _____

Meine Emotionen heute

Positive Emotionen:

Diese Situation / dieses Ereignis hat die Emotion ausgelöst:

Negative Emotionen:

Diese Situation / dieses Ereignis hat die Emotion ausgelöst:

Datum: _____

Mo Di Mi Do Fr Sa So

Meine Emotionen heute

Positive Emotionen:

Diese Situation / dieses Ereignis hat die Emotion ausgelöst:

_____

_____

_____

_____

Negative Emotionen:

Diese Situation / dieses Ereignis hat die Emotion ausgelöst:

_____

_____

_____

_____

Meine Emotionen heute

Positive Emotionen:

Diese Situation / dieses Ereignis hat die Emotion ausgelöst:

_____

_____

_____

_____

_____

_____

_____

_____

_____

_____

_____

Negative Emotionen:

Diese Situation / dieses Ereignis hat die Emotion ausgelöst:

_____

_____

_____

_____

_____

_____

_____

_____

_____

_____

Wochenaufgabe

Dieses Ereignis / diese Situation, das / die mir positive Emotionen bereitet hat, werde ich nächste Woche wiederholen:

_____
_____
_____

Wie mache ich das?

_____
_____
_____
_____
_____

Wann genau?

_____
_____
_____

Dieses Ereignis/diese Situation, das/die mir negative Emotionen bereitet hat, werde ich nächste Woche verändern, eliminieren oder meine Einstellung dazu ändern:

_____
_____
_____

Wie mache ich das?

_____
_____
_____
_____
_____

Wann genau?

_____
_____
_____

Was, wenn ich talentiert bin, aber keine Freude daran habe?

Kaum zu glauben, aber wahr. Nicht immer ist das, worin Du Talent hast, auch das, was Dich mit positiven Emotionen erfüllt. Auch wenn es Dir wie eine Verschwendung von Talent vorkommen mag und es letztendlich auch ist:
Tue das, was Du willst - nicht das, was Du kannst, nur weil Du es kannst.

❀ *Tue das, was Du willst - nicht das, was Du kannst!*

Tue das, was Dich mit positiven Emotionen erfüllt und nicht das, was Du kannst. Wenn das, was Du kannst zufällig auch das ist, was Dich mit positiven Emotionen erfüllt - umso besser, aber erforderlich ist es nicht. Scheiß also auf Persönlichkeitstest oder Tests zur Ermittlung Deiner Stärken, um herauszufinden, was Du tun sollst. Lass es! Tu das, was Dir positive Emotionen beschert.

💬 *Beispiel:*

Renate ist Lehrerin geworden, weil sie sehr gut mit Kindern umgehen kann und zudem Sachverhalte gut erklären und den Kindern näher bringen kann. Ihre Klassen gehören zu den besten ihrer Schule. Dennoch ist es für sie eine Qual, zu unterrichten. Sie fühlt sich schrecklich unwohl vor der Klasse zu stehen und zu unterrichten. Sie wacht bereits in den frühen Morgenstunden, lang bevor ihr Wecker klingelt mit Magenschmerzen und Panik auf und ist nervös, bevor sie zum Unterricht geht.

Im Unterricht legt sie den Schalter um und ist eine perfekte Lehrerin. Sie bekommt viel Lob und Anerkennung vom Rektor und den Eltern, die Kinder lieben sie und sind fleißig.

Nach mehreren Jahren hat Renate ein schlimmes Magengeschwür und beschießt, den Job an den Nagel zu hängen.

Heute schreibt Renate Kinderbücher mit pädagogischen Inhalten und fühlt sich wohl, nicht mehr vor einer Klasse stehen zu müssen. Sie hat sich gegen ihr Talent, aber auch gegen ihre negativen Emotionen entschieden. Das Schreiben in ihrem Büro beschert ihr positive Emotionen.

Meine Genuss-Liste

Mache Dir eine Liste, mit all den Dingen, die Du aus vollstem Herzen
genießen kannst.

💬 *Beispiele:*

→ die Sonne auf der Haut spüren
→ mit dem Hund spielen/kuscheln
→ Schokolade essen
→ ...ssieren lassen

...rzen:

Ich schenke Dir Glück, schenkst Du mir eine Rezension?

Mo   Di   Mi   Do   Fr   Sa   So

Meine Emotionen heute

Positive Emotionen:

Diese Situation / dieses Ereignis hat die Emotion ausgelöst:

_____

_____

_____

_____

_____

_____

_____

_____

_____

_____

Negative Emotionen:

Diese Situation / dieses Ereignis hat die Emotion ausgelöst:

_____

_____

_____

_____

_____

_____

_____

_____

_____

Datum: _____

Meine Emotionen heute

Positive Emotionen:

Diese Situation / dieses Ereignis hat die Emotion ausgelöst:

_____

_____

_____

_____

_____

_____

_____

_____

_____

_____

Negative Emotionen:

Diese Situation / dieses Ereignis hat die Emotion ausgelöst:

_____

_____

_____

_____

_____

_____

_____

_____

_____

_____

Datum: _____

Meine Emotionen heute

Positive Emotionen:

Diese Situation / dieses Ereignis hat die Emotion ausgelöst:

_____

_____

_____

_____

Negative Emotionen:

Diese Situation / dieses Ereignis hat die Emotion ausgelöst:

_____

_____

_____

_____

Datum: _____

Meine Emotionen heute

Positive Emotionen:

Diese Situation / dieses Ereignis hat die Emotion ausgelöst:

_____

_____

_____

_____

Negative Emotionen:

Diese Situation / dieses Ereignis hat die Emotion ausgelöst:

_____

_____

_____

_____

Datum: _____

Meine Emotionen heute

Positive Emotionen:

Diese Situation / dieses Ereignis hat die Emotion ausgelöst:

_____

_____

_____

_____

_____

_____

_____

_____

_____

_____

Negative Emotionen:

Diese Situation / dieses Ereignis hat die Emotion ausgelöst:

_____

_____

_____

_____

_____

_____

_____

_____

_____

_____

Datum: _____

Meine Emotionen heute

Positive Emotionen:

Diese Situation / dieses Ereignis hat die Emotion ausgelöst:

_____

_____

_____

_____

_____

_____

_____

_____

_____

_____

Negative Emotionen:

Diese Situation / dieses Ereignis hat die Emotion ausgelöst:

_____

_____

_____

_____

_____

_____

_____

_____

_____

_____

Datum: _____

Mo Di Mi Do Fr Sa So

Meine Emotionen heute

Positive Emotionen:

Diese Situation / dieses Ereignis hat die Emotion ausgelöst:

_____

_____

_____

_____

_____

_____

_____

_____

_____

_____

_____

Negative Emotionen:

Diese Situation / dieses Ereignis hat die Emotion ausgelöst:

_____

_____

_____

_____

_____

_____

_____

_____

_____

Wochenaufgabe

Dieses Ereignis / diese Situation, das / die mir positive Emotionen bereitet hat, werde ich nächste Woche wiederholen:

_____
_____
_____

Wie mache ich das?

_____
_____
_____
_____
_____

Wann genau?

_____
_____
_____

Dieses Ereignis/diese Situation, das/die mir negative Emotionen bereitet hat, werde ich nächste Woche verändern, eliminieren oder meine Einstellung dazu ändern:

_____
_____
_____

Wie mache ich das?

_____
_____
_____
_____
_____

Wann genau?

_____
_____
_____

Was, wenn ich mich nicht entscheiden kann?

Lies es, wenn es Dich betrifft!

Stehst Du manchmal vor kniffligen Entscheidungen und Du weißt partout nicht, für was Du Dich entscheiden sollst, weil jede Alternative seine Für's und Wider's hat? Vergiss es, Dir Pro- und Kontra-Listen zu machen, das bringt nichts und ist allenfalls für Deinen Verstand eine Alternative und nicht für Deinen Bauch.

🎵 *Entscheide Dich für Lebensqualität!*

Den Bauch willst Du aber auch nicht ohne den Verstand alleine entscheiden lassen? Ich empfehle Dir folgendes: Richte Deine Entscheidung an dem höchsten Maßstab aus, nämlich dem, bei dem Du Dich gut fühlst: Der Maßstab heißt Lebensqualität. Wähle die Alternative aus, die für Dich am meisten Lebensqualität mit sich bringt.

Viele Menschen um die 40 haben nach jahrelanger Berufserfahrung die Möglichkeit, einen großen Schritt auf der Karriereleiter zu machen und bekommen eine renommierte Position mit exzellenter Bezahlung angeboten. Meist zu dem Zeitpunkt, an dem sie total unter Stress stehen und sich im Innern überlegt haben, etwas zurückzutreten, die Stundenzahl zu reduzieren und sich mehr der Freizeit und Familie zu widmen. Die neue Stelle ist sicherlich reizvoll, aber welche Alternative bedeutet mehr Lebensqualität?

Vielleicht hängst Du noch zu sehr im „alten Denken" fest, denn früher nach dem Krieg war Sicherheit das größte Bestreben überhaupt. In der heutigen Zeit, in der Du sozial abgesichert bist, kannst Du es durchaus wagen, Lebensqualität über Sicherheit zu stellen. Was ja auch lange noch nicht heißt, dass Sicherheit nicht in der Lebensqualität beinhaltet sein kann…

👍 *Und zu guter Letzt:*

> **"**
>
> Mach doch aus einem
> ***entweder-oder***
> ein
> ***sowohl-als-auch***
> **"**

Mein freier Tag

Nimm Dir einen freien Tag.

Der Tag muss komplett ohne Verpflichtungen sowohl privat als auch beruflich sein. Kein Haushalt, keine Erledigungen, keine Rücksicht auf andere, nur Du mit Dir.

Tu an diesem Tag nur Dinge, die Dir spontan in den Sinn kommen und worauf Du wirklich Lust hast. Folge an diesem Tag komplett Deiner Intuition und Deinen Impulsen.

Schreibe am Ende des Tages auf, was Du für wundervolle Dinge gemacht hast.

Das habe ich an meinem freien Tag gemacht:

Datum: _____

Meine Emotionen heute

Positive Emotionen:

Diese Situation / dieses Ereignis hat die Emotion ausgelöst:

_____

_____

_____

_____

Negative Emotionen:

Diese Situation / dieses Ereignis hat die Emotion ausgelöst:

_____

_____

_____

_____

Datum: _____

Mo Di Mi Do Fr Sa So

Meine Emotionen heute

Positive Emotionen:

Diese Situation / dieses Ereignis hat die Emotion ausgelöst:

_____

_____

_____

_____

_____

_____

_____

_____

_____

_____

Negative Emotionen:

Diese Situation / dieses Ereignis hat die Emotion ausgelöst:

_____

_____

_____

_____

_____

_____

_____

_____

_____

_____

Meine Emotionen heute

Positive Emotionen:

Diese Situation / dieses Ereignis hat die Emotion ausgelöst:

_____ _____

_____ _____

_____ _____

_____

_____

_____

Negative Emotionen:

Diese Situation / dieses Ereignis hat die Emotion ausgelöst:

_____ _____

_____ _____

_____ _____

_____

_____

Meine Emotionen heute

Positive Emotionen:

Diese Situation / dieses Ereignis hat die Emotion ausgelöst:

_____

_____

_____

_____

Negative Emotionen:

Diese Situation / dieses Ereignis hat die Emotion ausgelöst:

_____

_____

_____

_____

Datum: _____

Meine Emotionen heute

Positive Emotionen:

Diese Situation / dieses Ereignis hat die Emotion ausgelöst:

_____

_____

_____

_____

Negative Emotionen:

Diese Situation / dieses Ereignis hat die Emotion ausgelöst:

_____

_____

_____

Datum: _____

Meine Emotionen heute

Positive Emotionen:

Diese Situation / dieses Ereignis hat die Emotion ausgelöst:

_____

_____

_____

Negative Emotionen:

Diese Situation / dieses Ereignis hat die Emotion ausgelöst:

_____

_____

_____

Datum: _____

Meine Emotionen heute

Positive Emotionen:

Diese Situation / dieses Ereignis hat die Emotion ausgelöst:

Negative Emotionen:

Diese Situation / dieses Ereignis hat die Emotion ausgelöst:

Wochenaufgabe

Dieses Ereignis / diese Situation, das / die mir positive Emotionen bereitet hat, werde ich nächste Woche wiederholen:

_____
_____
_____

Wie mache ich das?

_____
_____
_____
_____
_____

Wann genau?

_____
_____
_____

Dieses Ereignis/diese Situation, das/die mir negative Emotionen bereitet hat, werde ich nächste Woche verändern, eliminieren oder meine Einstellung dazu ändern:

_____
_____
_____

Wie mache ich das?

_____
_____
_____
_____
_____

Wann genau?

_____
_____
_____

Was, wenn ich bei Vergleichen immer schlechter abschneide?

Scheiß auf die anderen, nur **DU** bist wichtig. Wieso willst Du Dich mit anderen verglei-chen? Wusstest Du, dass Du Dich automatisch nur mit denjenigen vergleichst, die vermeintlich besser sind als Du selbst? Das ist eine unbewusste Selbstsabotage. Logisch, dass Du bei diesen Vergleichen immer schlechter abschneidest und frustriert bist. Solche Vergleiche sind nur in den wenigsten Fällen sinnvoll, also nur dann, wenn Du Motivation oder ein Vorbild suchst, dem Du nacheifern kannst. Alle anderen Vergleiche sind unnötig und destruktiv. Die meisten Vergleiche hinken sowieso, denn Du vergleichst Dich oft mit Personen aus den sozialen Medien, also nicht mit einer realen Person, die Du kennst, sondern mit einem Scheinbild einer Person, wie sie sich darstellt und auf andere wirken möchte.

💡 *Vergleiche mit anderen sind unnötig!*

Ständige Vergleiche wirken sich negativ auf Dein Selbstbewusstsein aus und somit auf Deine Stimmung - also lass' es.

🖼️ *Vergleiche Dich mit der Person, die Du mal warst!*

Wenn Du unbedingt einen Vergleich brauchst, dann vergleiche Dich doch mit Deinem „alten" Ich. Also mit der Person, die Du noch vor einiger Zeit warst. Denn sicher hast Du Dich in der Zeit weiterentwickelt oder bist, seit Du diese Anleitung bearbeitest, schon so viel glücklicher als zuvor. Das ist ein reeller Vergleich und einer, der Dir wirklich etwas bringt.

Stärke Dein Selbstwertgefühl

Freiwillige Turbo-übung!

Du bist nicht, was andere von Dir halten und Dir einzureden versuchen.
Mache Dir selbst ein Bild von Dir und merke, dass Du ein wertvoller Mensch bist.

Überlege Dir folgende Dinge:

Welche 10 Dinge machen mich zu einem besonderen Menschen?

① _____ ② _____
③ _____ ④ _____
⑤ _____ ⑥ _____
⑦ _____ ⑧ _____
⑨ _____ ⑩ _____

Welche Eigenschaften liebe ich an mir?

_____
_____
_____

Was kann ich besonders gut? (Gerne auch Kleinigkeiten)

_____
_____
_____

Was macht mich einzigartig?

_____
_____
_____

Datum: _____

Meine Emotionen heute

Positive Emotionen:

Diese Situation / dieses Ereignis hat die Emotion ausgelöst:

_____

_____

_____

_____

Negative Emotionen:

Diese Situation / dieses Ereignis hat die Emotion ausgelöst:

_____

_____

_____

_____

Datum: _____

Mo Di Mi Do Fr Sa So

Meine Emotionen heute

Positive Emotionen:

_____

_____

_____

_____

Diese Situation / dieses Ereignis hat die Emotion ausgelöst:

_____

_____

_____

_____

_____

_____

_____

_____

Negative Emotionen:

_____

_____

_____

_____

Diese Situation / dieses Ereignis hat die Emotion ausgelöst:

_____

_____

_____

_____

_____

_____

_____

Datum: _____

Meine Emotionen heute

Positive Emotionen:

Diese Situation / dieses Ereignis hat die Emotion ausgelöst:

_____

_____

_____

_____

_____

_____

_____

_____

_____

_____

_____

Negative Emotionen:

Diese Situation / dieses Ereignis hat die Emotion ausgelöst:

_____

_____

_____

_____

_____

_____

_____

_____

_____

_____

_____

Datum: _____

Mo Di Mi Do Fr Sa So

Meine Emotionen heute

Positive Emotionen:

Diese Situation / dieses Ereignis hat die Emotion ausgelöst:

_____

_____

_____

_____

_____

_____

_____

_____

_____

_____

_____

_____

Negative Emotionen:

Diese Situation / dieses Ereignis hat die Emotion ausgelöst:

_____

_____

_____

_____

_____

_____

_____

_____

_____

_____

_____

Datum: _____

Meine Emotionen heute

Positive Emotionen:

Diese Situation / dieses Ereignis hat die Emotion ausgelöst:

_____

_____

_____

_____

Negative Emotionen:

Diese Situation / dieses Ereignis hat die Emotion ausgelöst:

_____

_____

_____

_____

Datum: _____

Mo Di Mi Do Fr Sa So

Meine Emotionen heute

Positive Emotionen:

Diese Situation / dieses Ereignis hat die Emotion ausgelöst:

_____

_____   _____

_____   _____

_____   _____

                                _____

                                _____

                                _____

Negative Emotionen:

Diese Situation / dieses Ereignis hat die Emotion ausgelöst:

_____   _____

_____   _____

_____   _____

_____   _____

                                _____

                                _____

Meine Emotionen heute

Positive Emotionen:

Diese Situation / dieses Ereignis hat die Emotion ausgelöst:

_____

_____

_____

_____

_____

_____

_____

_____

_____

_____

Negative Emotionen:

Diese Situation / dieses Ereignis hat die Emotion ausgelöst:

_____

_____

_____

_____

_____

_____

_____

_____

_____

Wochenaufgabe

Dieses Ereignis / diese Situation, das / die mir positive Emotionen bereitet hat, werde ich nächste Woche wiederholen:

_____
_____
_____

Wie mache ich das?

_____
_____
_____
_____
_____

Wann genau?

_____
_____
_____

Dieses Ereignis/diese Situation, das/die mir negative Emotionen bereitet hat, werde ich nächste Woche verändern, eliminieren oder meine Einstellung dazu ändern:

_____
_____
_____

Wie mache ich das?

_____
_____
_____
_____
_____

Wann genau?

_____
_____
_____

Was, wenn es mir nicht gelingt, Freude zu empfinden?

Lies es, wenn es Dich betrifft!

Wenn Du keine positiven Emotionen entwickelst, obwohl Du eigentlich welche haben solltest, weil Du etwas machst, was Dir wirklich Freude machen sollte, dann kann das zwei Ursachen haben:

 ### 1.) Du hast Angst vor dem Glücklichsein

Das hört sich paradox an, aber oftmals stehst Du Dir selbst im Weg, bzw. betreibst sogar Selbstsabotage. Die Gründe liegen in Deinem Inneren, sind in Deiner Vergangenheit entstanden und lösen heute einen inneren Konflikt aus. Diese Gründe musst Du für Dich selbst herausfinden, ich kann Dir aber auf die Sprünge helfen und Dir einige Gründe nennen, die viele Menschen betreffen:

→ Du denkst, dass Du Glück nicht verdient hast, weil Du nichts Außerordentliches leistest oder weil Dir als Kind ständig suggeriert wurde, dass Du schlecht bist und nichts Positives verdient hast.

→ Du willst Glück nicht zulassen, weil Menschen, die Dir nahe stehen auch nicht glücklich sind und Du sie nicht „übervorteilen" möchtest oder sie schlecht dastehen lassen möchtest, weil Du ihnen etwas voraus hast oder weil Du sie nicht verärgern willst, indem sie Neid und Hass aufgrund Deines Glücks gegen Dich entwickeln.

→ Du möchtest unglücklich sein, damit Dich jemand retten kann. Das ist der Fall, wenn Du als Kind zu oft gerettet wurdest, Dir Deine Eltern alles ermöglicht haben und Du Dich um nichts kümmern musstest oder das Gegenteil: wenn Du als Kind immer im Stich gelassen wurdest und Du nun Dein Recht, dass Dich jemand rettet muss, einlösen willst.

Alle Gründe sind übrigens völlig ungerechtfertigt, Du kannst sie getrost beiseite schieben, denn sie haben keine Berechtigung, Dich von Deinen positiven Emotionen fernzuhalten.

Wenn Du die Ursache für Deine Angst vor dem Glücklichsein erstmal erkannt hast, ist Dir bereits der größte Schritt zur Überwindung dieser Angst gelungen. Du musst jetzt nur noch die Ärmel hochkrempeln und reparieren, was kaputt gegangen ist. Setze Dich damit auseinander und verarbeite den Konflikt, indem Du jetzt den Schmerz fühlst, ihn zulässt und darüber weinst, bis Du keine Tränen mehr hast. Du wirst eine Veränderung feststellen, Du wirst Dich leichter fühlen und die Angst wird sich auflösen. Nur wenn Du diese alten Gefühle zulässt, kannst Du sie loslassen und Deinem Glück näher kommen. Beim Verarbeiten des Konflikts kannst Du Dir auch professionelle Hilfe suchen.

 ### 2.) Du hast eine Depression

Bei einer Depression sind Deine positiven Emotionen komplett abgeschaltet. Eine Depression kann organische Ursachen haben oder aufgrund einer momentanen Krise oder schlechten Erlebnissen aus der Vergangenheit, die jetzt ans Tageslicht kommen, entstehen. In diesem Fall solltest Du Dir unbedingt professionelle Hilfe holen.

Sabine hatte eine schwere Kindheit. Ihr Vater war ein unzufriedener Mann und flüchtete in den Alkohol, er war verbittert und verbat ihr alles und hielt sie kurz. Ihre Mutter war eine schwache und harmoniebedürftige Frau ohne Selbstbewusstsein, die es nicht schaffte, sich gegen den Vater durchzusetzen. Sie gab immer klein bei und versuchte Sabine zu bremsen und zu dämpfen, damit sie nicht ständig mit ihrem Vater aneinander geriet. Durch die kontinuierlichen Verbote hat Sabine schon in der frühen Kindheit aufgehört, ihre Bedürfnisse wahrzunehmen. Und weil sie ihrem Vater nichts recht machen konnte und ihre Mutter sich nicht für sie stark gemacht hatte, ist sie zu der Überzeugung gelangt, dass sie nichts wert ist und auch keinerlei Freude oder Spaß verdient hat. Ihre positiven Emotionen sind abgestorben. Im Erwachsenenalter macht Sabine die Erfahrung, dass es für sie zwar angenehme Dinge gibt, wie z.B. eine gute Zeit mit Freunden zu verbringen und sie kann auch Genuss empfinden, z.B. bei einer Massage oder einem guten Essen, dennoch ist das immer mit einem schlechten Gewissen verbunden, welches die richtige emotionale Freude überschattet bzw. sie diese gar nicht erst spüren lässt. Als es im Erwachsenenalter bei ihr zu einer Lebenskrise kommt, kommt es sogar so weit, dass sie alles, was nur annähernd mit Glück und Freude zu tun hat, aktiv sabotiert, um die inzwischen massiven Schuldgefühle nicht spüren zu müssen. In einer Therapie kann sie den Konflikt aufdecken und lösen.

Erinnerungen aufräumen

Fast jeder Gegenstand ist mit einer Assoziation, einer Erinnerung und somit mit einer Emotion verbunden. Diese kann sowohl positiv, aber auch negativ sein.

Gehe mit offenen Augen durch Deine Wohnung und inspiziere alles, was so bei Dir rumsteht, hängt oder sichtbar ist.

Und nun entfernst Du alle Gegenstände, die für Dich mit einer negativen Erinnerung verbunden sind oder bei Dir ein negatives Gefühl auslösen. Wenn Du sie nicht gleich entsorgen willst, dann verbanne sie zumindest in einen Schrank oder in eine Kiste. Die Gegenstände, die mit einer positiven Erinnerung verbunden sind oder ein gutes Gefühl bei Dir auslösen, platziere präsent in Deinem Blickfeld.

Datum: _____

Mo Di Mi Do Fr Sa So

Meine Emotionen heute

Positive Emotionen:

Diese Situation / dieses Ereignis hat die Emotion ausgelöst:

_____

_____

_____

_____

_____

_____

_____

_____

_____

_____

Negative Emotionen:

Diese Situation / dieses Ereignis hat die Emotion ausgelöst:

_____

_____

_____

_____

_____

_____

_____

_____

_____

Datum: _____

Mo Di Mi Do Fr Sa So

Meine Emotionen heute

Positive Emotionen:

Diese Situation / dieses Ereignis hat die Emotion ausgelöst:

_____

_____

_____

_____

_____

_____

_____

_____

_____

_____

Negative Emotionen:

Diese Situation / dieses Ereignis hat die Emotion ausgelöst:

_____

_____

_____

_____

_____

_____

_____

_____

_____

_____

Meine Emotionen heute

Positive Emotionen:

Diese Situation / dieses Ereignis hat die Emotion ausgelöst:

_____

_____

_____

_____

_____

_____

_____

_____

_____

_____

Negative Emotionen:

Diese Situation / dieses Ereignis hat die Emotion ausgelöst:

_____

_____

_____

_____

_____

_____

_____

_____

_____

Datum: _____

Mo Di Mi Do Fr Sa So

Meine Emotionen heute

Positive Emotionen:

Diese Situation / dieses Ereignis hat die Emotion ausgelöst:

_____

_____

_____

_____

_____

_____

_____

_____

_____

_____

Negative Emotionen:

Diese Situation / dieses Ereignis hat die Emotion ausgelöst:

_____

_____

_____

_____

_____

_____

_____

_____

_____

_____

Datum: _____

Meine Emotionen heute

Positive Emotionen:

Diese Situation / dieses Ereignis hat die Emotion ausgelöst:

_____

_____

_____

_____

_____

_____

_____

_____

_____

_____

_____

Negative Emotionen:

Diese Situation / dieses Ereignis hat die Emotion ausgelöst:

_____

_____

_____

_____

_____

_____

_____

_____

_____

_____

Mo Di Mi Do Fr Sa So

Meine Emotionen heute

Positive Emotionen:

Diese Situation / dieses Ereignis hat die Emotion ausgelöst:

_____

_____

_____

_____

_____

_____

_____

_____

Negative Emotionen:

Diese Situation / dieses Ereignis hat die Emotion ausgelöst:

_____

_____

_____

_____

_____

_____

_____

_____

Meine Emotionen heute

Positive Emotionen:

Diese Situation / dieses Ereignis hat die Emotion ausgelöst:

_____

_____

_____

_____

_____

_____

_____

_____

_____

_____

_____

Negative Emotionen:

Diese Situation / dieses Ereignis hat die Emotion ausgelöst:

_____

_____

_____

_____

_____

_____

_____

_____

_____

_____

Wochenaufgabe

Dieses Ereignis / diese Situation, das / die mir positive Emotionen bereitet hat, werde ich nächste Woche wiederholen:

_____
_____
_____

Wie mache ich das?

_____
_____
_____
_____
_____

Wann genau?

_____
_____
_____

Dieses Ereignis/diese Situation, das/die mir negative Emotionen bereitet hat, werde ich nächste Woche verändern, eliminieren oder meine Einstellung dazu ändern:

_____
_____
_____

Wie mache ich das?

_____
_____
_____
_____
_____

Wann genau?

_____
_____
_____

Was, wenn ich nicht „nein" sagen kann?

Lies es, wenn es Dich betrifft!

Sagst Du oft zu Dingen „ja", obwohl Du lieber „nein" sagen möchtest? Warum tust Du das? Weil Du nicht egoistisch wirken willst? Weil Du die Gefühle der anderen nicht verletzen möchtest? Weil Du nicht unbeliebt sein willst? Weil Du keinen Streit heraufbeschwören möchtest? Alles Bullshit!

 ### Bist Du egoistisch, wenn Du „nein" sagst?

Ich kann Dir versichern, dass Du nicht egoistisch bist, denn wenn Du Dinge ablehnst, hast Du mehr Zeit für Dinge, die Dir wirklich am Herzen liegen. Du machst Dich auch nicht unbeliebt. Eher im Gegenteil: wenn Du auch mal „nein" sagst, dann ist Dir der Respekt der anderen sicherer als wenn Du ständig „ja" sagst, denn Ja-Sager werden eher belächelt und ausgenutzt anstatt respektiert.

 ### Mit diesem Tipp schaffst Du es, zukünftig „nein" zu sagen:

1.) Würdige zuerst das Anliegen des Bittstellers, denn wenn dieser merkt, dass Du Verständnis für sein Anliegen zeigst, fühlt er sich trotz Deiner Ablehnung wertgeschätzt.

2.) Sage nun „nein" zu dem Anliegen.

3.) Begründe Deine Ablehnung, denn dann kann der Bittsteller Dein „nein" leichter annehmen und Deine Ablehnung vielleicht sogar nachvollziehen.

4.) Biete dem Bittsteller noch eine Alternative, wenn Dir das möglich ist. Damit ist eine Entschädigung oder ein anderer Zeitpunkt gemeint.

Beispiel:

Du wirst gebeten, die Katze einer Bekannten in deren Urlaubszeit zu Dir zu nehmen. So könntest Du dieses Anliegen ablehnen:

„Oh ja, das ist wichtig, dass Deine Katze in Deinem Urlaub gut versorgt wird, ich kann das aber leider nicht machen, da mein Freund eine Katzenhaar-Allergie hat und er fast täglich zu mir kommt. Aber wenn Du willst, frag' ich mal meine Schwester, die hat ja auch eine Katze."

Zeit für Dich

Freiwillige Turbo-Übung!

Wähle eine Tätigkeit aus Deinem Alltag aus, die Du von nun an nicht mehr machen wirst. Wichtig dabei ist, dass es sich um eine Tätigkeit handelt, die Du für andere tust. Du kannst also aufhören, Deine Kinder irgendwohin zu fahren oder abzuholen, jeden Sonntag einen Braten zu kochen, „seine" Hemden zu bügeln, Pflichtanrufe zu erledigen o.ä.

Fang langsam an!
Das werde ich einmalig (das nächste Mal) nicht mehr tun:

_____

Steigere Dich!
Das werde ich manchmal nicht mehr tun:

_____

Königsklasse!
Das werde ich nie mehr tun:

_____

Ersetze die gewonnene Zeit mit Tätigkeiten, die Du wirklich gerne machst und die Dir positive Emotionen bringen. Du kannst das wöchentlich oder monatlich wiederholen und Dir immer mehr Tätigkeiten suchen, die Du durch „Zeit für Dich" ersetzt.

Nutze die gewonnene Zeit für Dich!
Diese Tätigkeiten werde ich stattdessen tun:

_____
_____
_____
_____
_____
_____
_____

Meine Emotionen heute

Positive Emotionen:

Diese Situation / dieses Ereignis hat die Emotion ausgelöst:

Negative Emotionen:

Diese Situation / dieses Ereignis hat die Emotion ausgelöst:

Datum: _____

Mo   Di   Mi   Do   Fr   Sa   So

Meine Emotionen heute

Positive Emotionen:

Diese Situation / dieses Ereignis hat die Emotion ausgelöst:

_____

_____

_____

_____

_____

_____

_____

_____

_____

_____

_____

_____

Negative Emotionen:

Diese Situation / dieses Ereignis hat die Emotion ausgelöst:

_____

_____

_____

_____

_____

_____

_____

_____

_____

_____

_____

_____

_____

Datum: _____

Mo Di Mi Do Fr Sa So

Meine Emotionen heute

Positive Emotionen:

Diese Situation / dieses Ereignis hat die Emotion ausgelöst:

_____

_____

_____

_____

_____

_____

_____

_____

_____

Negative Emotionen:

Diese Situation / dieses Ereignis hat die Emotion ausgelöst:

_____

_____

_____

_____

_____

_____

_____

Datum: _____

Meine Emotionen heute

Positive Emotionen:

Diese Situation / dieses Ereignis hat die Emotion ausgelöst:

_____

_____

_____

_____

_____

_____

_____

_____

_____

_____

Negative Emotionen:

Diese Situation / dieses Ereignis hat die Emotion ausgelöst:

_____

_____

_____

_____

_____

_____

_____

_____

_____

_____

Datum: _____

Mo Di Mi Do Fr Sa So

Meine Emotionen heute

Positive Emotionen:

Diese Situation / dieses Ereignis hat die Emotion ausgelöst:

_____

_____

_____

_____

_____

_____

_____

_____

_____

_____

_____

Negative Emotionen:

Diese Situation / dieses Ereignis hat die Emotion ausgelöst:

_____

_____

_____

_____

_____

_____

_____

_____

_____

_____

_____

Datum: _____

Mo Di Mi Do Fr Sa So

Meine Emotionen heute

Positive Emotionen:

Diese Situation / dieses Ereignis hat die Emotion ausgelöst:

_____

_____

_____

_____

_____

_____

_____

_____

_____

_____

_____

_____

Negative Emotionen:

Diese Situation / dieses Ereignis hat die Emotion ausgelöst:

_____

_____

_____

_____

_____

_____

_____

_____

_____

_____

_____

_____

Datum: _____

Meine Emotionen heute

Positive Emotionen:

Diese Situation / dieses Ereignis hat die Emotion ausgelöst:

_____

_____

_____

_____

_____

_____

_____

_____

_____

_____

_____

_____

_____

Negative Emotionen:

Diese Situation / dieses Ereignis hat die Emotion ausgelöst:

_____

_____

_____

_____

_____

_____

_____

_____

_____

_____

_____

Wochenaufgabe

Dieses Ereignis / diese Situation, das / die mir positive Emotionen bereitet hat, werde ich nächste Woche wiederholen:

Wie mache ich das?

Wann genau?

Dieses Ereignis/diese Situation, das/die mir negative Emotionen bereitet hat, werde ich nächste Woche verändern, eliminieren oder meine Einstellung dazu ändern:

Wie mache ich das?

Wann genau?

Was, wenn es nicht akzeptiert ist, was mich glücklich macht?

Legst Du wert darauf, was die Leute von Dir denken oder was sie über Dich sagen? Machst Du Dir Gedanken, wie Du vor anderen Leuten dastehst? Möchtest Du den Erwartungen der anderen gerecht werden?

 Wenn Du Dich nach den anderen richtest, wirst Du nicht glücklich

Wie lange willst Du Dich noch zum Hampelmann der Gesellschaft machen lassen? Und wer sind diese „Leute" überhaupt? Was erwartest Du von diesen „Leuten" im Gegenzug, dass Du es ihnen recht machst?

Ich sage Dir mal eins: Undank ist der Welten Lohn. Schon mal gehört? Sicher hast Du auch schon oft die Erfahrung gemacht, dass es Dir nicht gedankt wurde, wenn Du Dich für andere verbogen hast. Also scheiß auf die „Leute" und mach das, was DU willst und was Dir positive Emotionen bringt (ohne anderen zu schaden, aber das versteht sich ja von selbst, richtig?).

 Wenn Dir das schwer fällt, kannst Du auch Folgendes versuchen:

Das nächste Mal, wenn Du etwas tun willst, was Dir positive Emotionen bereitet, Du aber denkst, dass das von den Leuten missbilligt wird, dann schaue Dir die „Leute" doch einfach mal näher an. Mach Dir konkret klar, um wen es sich handelt, Du musst sie namentlich benennen können. Du wirst erkennen, dass es lediglich ein paar wenige Menschen sind, meist weniger als fünf. Wahrscheinlich sind es geliebte und gehasste Menschen von Dir, die Du zu den „Leuten" verallgemeinerst. Auf die verhassten Menschen musst Du nichts geben und die geliebten Menschen sind durchaus in der Lage und bereit, das, was Du tun möchtest, zu akzeptieren. Ist es nicht so? Wenn Du immer noch kein gutes Gefühl bei der Sache hast, dann kannst Du die „Leute" einfach ersetzen durch Menschen, die Deinen Plan befürworten.

💬 **_Beispiel:_**

Kai, 35, ist furchtbar unglücklich mit seinem Job als Steuerberater. Er möchte endlich sein Hobby zum Beruf machen und sich als Hundetrainer selbstständig machen. Doch was werden jetzt die Leute denken? „Du bist verrückt, einen krisensicheren Job zu kündigen, noch dazu, wo Du erst 2 Jahre in dieser Firma arbeitest, das macht sich überhaupt nicht gut in Deinem Lebenslauf und wenn Du in der Selbstständigkeit scheiterst, dann hast Du es schwer, wieder einen neuen Job in einer Kanzlei zu finden…"
Als er sich anschaut, wer denn tatsächlich so denkt, ist er nur auf seine Eltern gekommen. Seine Freundin und seine Freunde befürworten seinen Plan und dem Rest der Menschheit ist es so ziemlich egal, was er macht. In der Auseinandersetzung mit seinen Eltern, konnte er ihnen aufzeigen, wie unglücklich er bei der Arbeit ist, dass er immer mehr Energie verliert und abends und am Wochenende kaum mehr etwas zustande bringt. Das machte die Eltern sehr betroffen und da sie wollen, dass Kai glücklich ist, konnten sie ihre Einwände relativieren. Sie sind zwar immer noch nicht die größten Fans von seinem Plan, aber sie haben inzwischen Verständnis dafür und haben sich vorgenommen, ihn zu unterstützen.

Superkräfte

Stell Dir vor, Du könntest Dir eine Superkraft aussuchen.
Welche wäre das und warum hast Du Dich für diese entschieden?

Hier eine kleine Auswahl an Superkräften, wobei Deiner Phantasie keine Grenzen gesetzt sind:
→ Stärke und Kraft
→ Schnelligkeit
→ Unsichtbarkeit
→ Coolness
→ Fliegen
→ Gummigelenke
→ Röntgenblick
…

Meine Lieblings-Superkraft:

Warum gerade diese Superkraft?

Datum: _____

Mo Di Mi Do Fr Sa So

Meine Emotionen heute

Positive Emotionen:

Diese Situation / dieses Ereignis hat die Emotion ausgelöst:

Negative Emotionen:

Diese Situation / dieses Ereignis hat die Emotion ausgelöst:

Datum: _____

Meine Emotionen heute

Positive Emotionen:

Diese Situation / dieses Ereignis hat die Emotion ausgelöst:

_____

_____

_____

_____

_____

_____

_____

_____

_____

_____

Negative Emotionen:

Diese Situation / dieses Ereignis hat die Emotion ausgelöst:

_____

_____

_____

_____

_____

_____

_____

_____

_____

_____

Meine Emotionen heute

Positive Emotionen:

Diese Situation / dieses Ereignis hat die Emotion ausgelöst:

_____

_____

_____

_____

_____

_____

_____

_____

_____

_____

_____

_____

Negative Emotionen:

Diese Situation / dieses Ereignis hat die Emotion ausgelöst:

_____

_____

_____

_____

_____

_____

_____

_____

_____

_____

_____

_____

Meine Emotionen heute

Positive Emotionen:

Diese Situation / dieses Ereignis hat die Emotion ausgelöst:

_____

_____

_____

_____

Negative Emotionen:

Diese Situation / dieses Ereignis hat die Emotion ausgelöst:

_____

_____

_____

_____

Datum: _____

Mo Di Mi Do Fr Sa So

Meine Emotionen heute

Positive Emotionen:

Diese Situation / dieses Ereignis hat die Emotion ausgelöst:

_____

_____

_____

_____

_____

_____

_____

_____

_____

_____

Negative Emotionen:

Diese Situation / dieses Ereignis hat die Emotion ausgelöst:

_____

_____

_____

_____

_____

_____

_____

_____

_____

Datum: _____

Meine Emotionen heute

Positive Emotionen:

Diese Situation / dieses Ereignis hat die Emotion ausgelöst:

_____

_____

_____

_____

_____

_____

_____

_____

_____

_____

_____

Negative Emotionen:

Diese Situation / dieses Ereignis hat die Emotion ausgelöst:

_____

_____

_____

_____

_____

_____

_____

_____

_____

_____

_____

Meine Emotionen heute

Positive Emotionen:

Diese Situation / dieses Ereignis hat die Emotion ausgelöst:

Negative Emotionen:

Diese Situation / dieses Ereignis hat die Emotion ausgelöst:

Wochenaufgabe

Dieses Ereignis / diese Situation, das / die mir positive Emotionen bereitet hat, werde ich nächste Woche wiederholen:

_____
_____
_____

Wie mache ich das?

_____
_____
_____
_____
_____

Wann genau?

_____
_____
_____

Dieses Ereignis/diese Situation, das/die mir negative Emotionen bereitet hat, werde ich nächste Woche verändern, eliminieren oder meine Einstellung dazu ändern:

_____
_____
_____

Wie mache ich das?

_____
_____
_____
_____

Wann genau?

_____
_____
_____

Was, wenn das Risiko zu groß ist?

Lies es, wenn es Dich betrifft!

Du weißt, was Du gerne machen möchtest?
Aber Du bist im Zweifel, ob es das Risiko wert ist, ob Du Deine sichere Position aufgeben kannst und willst, um einen Traum zu verwirklichen ohne zu wissen, ob er funktioniert? Beispielsweise hast Du einen sicheren, aber langweiligen Job und Du hast den Traum, Dich mit einer ganz besonderen Idee selbstständig zu machen?

🔔 Auch die vermeintliche Sicherheit birgt immer Risiken

Lass Dir gesagt sein, Deine derzeitige Sicherheit birgt mehr Risiken als Du glaubst. Vielleicht gibt es Deinen Arbeitgeber in ein paar Jahren nicht mehr. Ist Dir bewusst, dass wenn Du zu sehr auf Sicherheit setzt, Du das größte Risiko Deines Lebens eingehst? Denn Dir rennt Deine wertvolle Zeit davon, mehr aus Deinem Leben zu machen. Im Alter bereust Du nämlich nicht die Dinge, die Du getan hast, sondern die, die Du nicht getan hast.

💭 Traum oder Flucht?

Du darfst allerdings Deinen Traum nicht mit einer Fluchtphantasie verwechseln. Wenn Dir Deine Situation nicht passt, dann stellst Du Dir alle möglichen Dinge vor, die Du lieber machen möchtest. Dabei könnte es sich um eine Fluchtphantasie und nicht um einen echten Traum oder ein echtes Bedürfnis handeln. Es geht nicht darum, von etwas weg zu kommen sondern darum, auf etwas (Traum, Bedürfnis) zuzugehen bzw. etwas zu verwirklichen. Überlege Dir also zuerst, ob Dein Traum von einem „weg von" oder aus einem „hin zu" entspringt. Ein „hin zu" braucht keinen Grund
(wie z.B. Flucht), sondern entspringt aus Deinem Inneren und Du kannst meist gar nicht sagen, warum Du das überhaupt willst.

👆 Steh Dir nicht selbst im Weg

Warum hast Du also noch nicht damit begonnen, Deinen Traum zu erfüllen? Weil Du die Zeit nicht hast, dazu frei sein musst oder Dir alle möglichen Hindernisse im Weg stehen? Falsch! Mach nicht die Umstände dafür verantwortlich, dass Du noch nicht angefangen hast. Du allein bist es, der Dir im Weg steht. Du musst nicht auf den perfekten Zeitpunkt warten, starte jetzt damit und wenn es nur ein paar Minuten am Tag sind, an dem Du an der Verwirklichung Deines Traums arbeitest.

> **"**
> **Jedes Projekt beginnt mit einem ersten Schritt.**
> **Auch die großen!**
> **"**

Mein Leben ist reich

Was hat Dein Leben in den drei letzten Monaten bereichert?

Falls Dir nichts einfällt, kannst Du den Zeitraum auf ein halbes, ein ganzes Jahr oder auf eine noch größere Zeitspanne erweitern.

Das hat mein Leben bereichert:

_____
_____
_____
_____
_____
_____
_____
_____
_____
_____
_____
_____
_____
_____
_____
_____
_____
_____
_____
_____
_____
_____
_____
_____
_____
_____

Datum: _____

Meine Emotionen heute

Positive Emotionen:

Diese Situation / dieses Ereignis hat die Emotion ausgelöst:

Negative Emotionen:

Diese Situation / dieses Ereignis hat die Emotion ausgelöst:

Datum: _____

Meine Emotionen heute

Positive Emotionen:

Diese Situation / dieses Ereignis hat die Emotion ausgelöst:

Negative Emotionen:

Diese Situation / dieses Ereignis hat die Emotion ausgelöst:

Datum: _____

Mo Di Mi Do Fr Sa So

Meine Emotionen heute

Positive Emotionen:

Diese Situation / dieses Ereignis hat die Emotion ausgelöst:

_____

_____

_____

_____

_____

_____

_____

_____

_____

_____

Negative Emotionen:

Diese Situation / dieses Ereignis hat die Emotion ausgelöst:

_____

_____

_____

_____

_____

_____

_____

_____

Datum: _____

Meine Emotionen heute

Positive Emotionen:

Diese Situation / dieses Ereignis hat die Emotion ausgelöst:

Negative Emotionen:

Diese Situation / dieses Ereignis hat die Emotion ausgelöst:

Datum: _____

Meine Emotionen heute

Positive Emotionen:

Diese Situation / dieses Ereignis hat die Emotion ausgelöst:

_____

_____

_____

_____

_____

_____

_____

_____

_____

_____

_____

Negative Emotionen:

Diese Situation / dieses Ereignis hat die Emotion ausgelöst:

_____

_____

_____

_____

_____

_____

_____

_____

_____

_____

_____

Datum: _____

Meine Emotionen heute

Positive Emotionen:

Diese Situation / dieses Ereignis hat die Emotion ausgelöst:

_____
_____
_____
_____

_____
_____
_____
_____
_____
_____

Negative Emotionen:

Diese Situation / dieses Ereignis hat die Emotion ausgelöst:

_____
_____
_____
_____

_____
_____
_____
_____
_____
_____

Datum: _____

Mo Di Mi Do Fr Sa So

Meine Emotionen heute

Positive Emotionen:

Diese Situation / dieses Ereignis hat die Emotion ausgelöst:

_____

_____

_____

_____

_____

_____

_____

_____

_____

_____

Negative Emotionen:

Diese Situation / dieses Ereignis hat die Emotion ausgelöst:

_____

_____

_____

_____

_____

_____

_____

_____

_____

Wochenaufgabe

Dieses Ereignis / diese Situation, das / die mir positive Emotionen bereitet hat, werde ich nächste Woche wiederholen:

_____
_____
_____

Wie mache ich das?

_____
_____
_____
_____
_____

Wann genau?

_____
_____
_____

Dieses Ereignis/diese Situation, das/die mir negative Emotionen bereitet hat, werde ich nächste Woche verändern, eliminieren oder meine Einstellung dazu ändern:

_____
_____
_____

Wie mache ich das?

_____
_____
_____
_____
_____

Wann genau?

_____
_____
_____

Was, wenn ich gar nichts empfinde?

Muskelverspannungen, flache Atmung und Magenschmerzen? Das sind oft Merkmale von unterdrückten und nicht gefühlten Emotionen.

Deine Emotionen sind da, auch wenn Du sie nicht fühlst

Wann hast Du Dich von Deinen Emotionen getrennt? Als etwas Schlimmes passiert ist, das Du nicht aushalten konntest? Da hat Dein Körper eine Schutzmauer gebaut und alle Gefühle eingesperrt. So konntest Du weiter existieren; ohne Qualen. Leider sind auch positive Emotionen hinter der Mauer gefangen, denn der Körper unterscheidet nicht zwischen positiven und negativen Emotionen. Er hat sie allesamt weggesperrt. Aber die Gefühle sind noch da, auch wenn Du sie nicht spürst. Sie machen sich als somatoforme Beschwerden bemerkbar wie Magenprobleme, Herz-Kreislauf-Probleme, Depressionen, Angstzustände uvm. Körperliche Probleme sind oft verschlüsselte Botschaften des emotionalen Innenlebens, sozusagen als eine Art Stellvertreter, die der bewusste Verstand nicht bearbeiten will.

Vielleicht kann Dir folgende Übung helfen, wieder in Kontakt mit Deinen Emotionen zu kommen. Vielleicht sind Deine Emotionen auch so weit versteckt, dass Du Dir professionelle Hilfe suchen solltest. Versuche es mit der Übung, wenn sie nicht gelingt, kannst Du immer noch überlegen, was Du tun willst:

Lege Dich bequem hin und versuche Dich zu entspannen, indem Du tief atmest. Versuche, alle störenden Gedanken weiterziehen zu lassen und konzentriere Dich ganz auf Deinen Körper. Nun unternimmst Du eine Reise durch Deinen Körper, angefangen mit dem kleinen Zeh. Spüre in ihn hinein und erkunde, was er empfindet. Ist er warm oder kalt, wie fühlt er sich an? Schmerzt er, juckt er, ist er vital oder müde? Was spürt er? Den Stoff Deiner Socke? Gehe so durch Deinen ganzen Körper über die Füße, Fußgelenke, Schienbeine, Waden, Knie, Oberschenkel, Steißbein, Wirbelsäule, Organe, immer weiter und weiter bis zum Kopf. Du wirst Stellen entdecken, die sich leicht und angenehm anfühlen, aber auch Stellen, die verspannt sind, sich unwohl anfühlen oder schmerzen. Betrachte diese Stellen besonders aufmerksam, atme in diese Stelle hinein und erspüre, warum sie sich eng anfühlen, verspannt sind oder schmerzen. Frage Dich, bzw. die Stelle, was sie braucht oder möchte, damit sich sich wohl fühlen kann. Das kann zu sehr heftigen körperlichen und seelischen Schmerzen führen, denn jetzt kommen die Gefühle hoch, die weggesperrt wurden und diese müssen ja unangenehm sein, sonst wären sie ja nicht weggesperrt. Lass die Gefühle zu, damit sie sich auflösen können. Was Dir beim Auflösen helfen kann, ist, wenn Du alles aufschreibst (wirklich alles!), was passiert ist und was Deine Gefühle dazu sind, bzw. was Deinen Schmerz ausmacht. Du darfst nichts beschönigen, nichts weglassen, auch Dein eigenes Zutun beleuchten und die Verantwortung für Dein eigenes Fehlverhalten übernehmen. Anschließend verbrenne das Blatt.

Deine positive Schatzkiste

Freiwillige Turbo-Übung!

Diese Übung kannst Du anwenden, wenn Du ein Tief hast.
Wetten, dass sich Deine Laune danach erheblich verbessert?

Du musst nichts weiter tun, als Dir folgende Dinge zu überlegen. Versuche die ersten
Gedanken, die Dir nach der Fragestellung einfallen, festzuhalten - das sind meist die
richtigen.

Diese 3 Aktivitäten heben mein Energielevel:

_____

Diese 3 Lebewesen habe ich gerne um mich:

_____

Diese 3 Dinge ziehen mich magisch an:

_____

Diese 3 Erlebnisse waren die schönsten in meinem Leben:

_____

**Diese 3 Tätigkeiten lassen mich die Zeit und alles um mich
herum vergessen:**

_____

Wenn es Dir schlecht geht, kannst Du Dir diese Liste immer wieder hervornehmen,
bearbeiten oder einfach nur lesen.

Datum: _____

Meine Emotionen heute

Positive Emotionen:

Diese Situation / dieses Ereignis hat die Emotion ausgelöst:

Negative Emotionen:

Diese Situation / dieses Ereignis hat die Emotion ausgelöst:

Datum: _____

Meine Emotionen heute

Positive Emotionen:

Diese Situation / dieses Ereignis hat die Emotion ausgelöst:

_____

_____

_____

_____

Negative Emotionen:

Diese Situation / dieses Ereignis hat die Emotion ausgelöst:

_____

_____

_____

_____

Datum: _____

Mo Di Mi Do Fr Sa So

Meine Emotionen heute

Positive Emotionen:

Diese Situation / dieses Ereignis hat die Emotion ausgelöst:

_____

_____

_____

_____

_____

_____

_____

_____

_____

_____

_____

_____

Negative Emotionen:

Diese Situation / dieses Ereignis hat die Emotion ausgelöst:

_____

_____

_____

_____

_____

_____

_____

_____

_____

_____

_____

Datum: _____

Meine Emotionen heute

Positive Emotionen:

Diese Situation / dieses Ereignis hat die Emotion ausgelöst:

_____

_____

_____

_____

_____

_____

_____

_____

_____

_____

_____

Negative Emotionen:

Diese Situation / dieses Ereignis hat die Emotion ausgelöst:

_____

_____

_____

_____

_____

_____

_____

_____

_____

_____

_____

Datum: _____

Meine Emotionen heute

Positive Emotionen:

Diese Situation / dieses Ereignis hat die Emotion ausgelöst:

_____

_____

_____

_____

_____

_____

_____

_____

_____

_____

_____

_____

Negative Emotionen:

Diese Situation / dieses Ereignis hat die Emotion ausgelöst:

_____

_____

_____

_____

_____

_____

_____

_____

_____

_____

_____

_____

Datum: _____

Meine Emotionen heute

Positive Emotionen:

Diese Situation / dieses Ereignis hat die Emotion ausgelöst:

_____

_____

_____

_____

_____

_____

_____

_____

_____

_____

_____

_____

Negative Emotionen:

Diese Situation / dieses Ereignis hat die Emotion ausgelöst:

_____

_____

_____

_____

_____

_____

_____

_____

_____

_____

_____

_____

Meine Emotionen heute

Positive Emotionen:

Diese Situation / dieses Ereignis hat die Emotion ausgelöst:

_____

_____

_____

_____

Negative Emotionen:

Diese Situation / dieses Ereignis hat die Emotion ausgelöst:

_____

_____

_____

_____

Wochenaufgabe

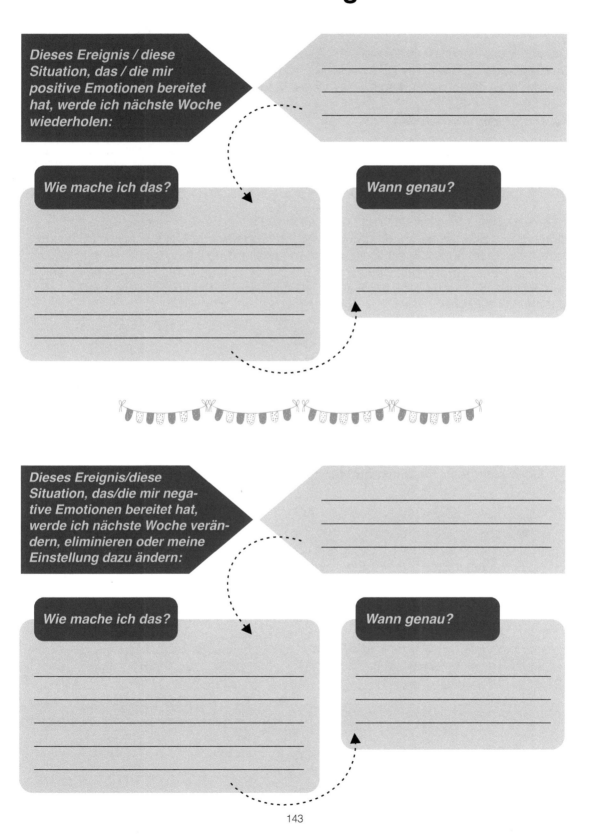

Dieses Ereignis / diese Situation, das / die mir positive Emotionen bereitet hat, werde ich nächste Woche wiederholen:

Wie mache ich das?

Wann genau?

Dieses Ereignis/diese Situation, das/die mir negative Emotionen bereitet hat, werde ich nächste Woche verändern, eliminieren oder meine Einstellung dazu ändern:

Wie mache ich das?

Wann genau?

Was, wenn ich gerade eine Trauerphase durchlebe?

Ein wichtiger Mensch ist gestorben, eine Beziehung beendet, der Job wurde gekündigt: Du hast etwas verloren, das Dir sehr wichtig war! Dann ist Trauer eine normale Reaktion, die sehr schmerzlich ist und natürlich eine der stärksten negativen Emotionen darstellt.

🖐 *Trauer kann Dich heilen*

Auch wenn es Dir schwerfallen mag, das zu glauben, aber Trauer ist dazu da, um Dich zu heilen. Wenn Du die Trauerphase überstanden hast, dann wirst Du stärker und gesünder daraus hervorgehen.

Wenn Du einen Verlust erlitten hast, dann mache Dir das bewusst und schenke ihm Beachtung. Lasse Deine Trauer darüber zu, verdränge sie nicht und verstelle Dich nicht (gute Miene zum bösen Spiel). Nur so kannst Du heilen und wieder ganz werden. Wenn Du Deine Trauer verdrängst, wird sie Dich blockieren und davon abhalten, irgendwann wieder positive Emotionen zu empfinden. Je intensiver Du trauerst, desto schneller vergeht der Schmerz.

Folgende Dinge können Dich unterstützen:

➜ ein Rückzugsort, an dem Du Dich geborgen fühlst

➜ Menschen, die Dich auffangen können

➜ Tätigkeiten, die Dir gut tun

☝ *Eines steht fest: Raus kommst Du nur, wenn Du durchgehst.*

Extra-Tipp:

Vielleicht kannst Du den Verlust (sollte er nicht mit dem Verlust eines Menschen oder Tieres zusammenhängen) ja auch ersetzen?

Dann nutze Deine Energie und unternimm Anstrengungen, um einen Ersatz zu finden. Vielleicht musst Du dazu recherchieren oder Dich mit einer Versicherung auseinander setzen oder mit Deiner Bank über Finanzierungsmöglichkeiten sprechen. Auch wenn sich das Verlorene nicht genauso wie es war ersetzen lässt, findest Du vielleicht einen Kompromiss, der Deinen Wünschen entspricht und Deine Trauer mildert.

Freude schenken

Hast Du schon mal gehört, dass Freude schenken auch Freude in Dir selbst auslöst?

🍀 *Versuche es selbst:*

→ Mache diese Woche noch mindestens einer Person Deiner Wahl eine Freude.

→ Du kannst den Schwierigkeitsgrad dieser Übung erhöhen, indem Du eine Person wählst, die Du nicht so sehr magst oder die für Dich unwichtig ist.

Dein Sabbat-Jahr

Stell Dir vor, Du könntest ab sofort ein Sabbat-Jahr machen. All Deine Kosten wären weiterhin gedeckt und nach diesem Jahr könntest Du (wenn Du möchtest) wieder nahtlos da weitermachen, wo Du heute aufgehört hast.

Was würdest Du tun?
Was würdest Du als erstes tun? Was würdest Du als nächstes tun? Und was danach?
Und was würdest Du sonst noch alles tun?

Das würde ich als erstes tun:

_____

_____

_____

Das würde ich sonst noch alles tun:

_____

_____

_____

_____

_____

Datum: _____

Meine Emotionen heute

Positive Emotionen:

Diese Situation / dieses Ereignis hat die Emotion ausgelöst:

_____

_____

_____

_____

_____

_____

_____

_____

_____

_____

_____

_____

_____

Negative Emotionen:

Diese Situation / dieses Ereignis hat die Emotion ausgelöst:

_____

_____

_____

_____

_____

_____

_____

_____

_____

_____

_____

_____

_____

Datum: _____

Meine Emotionen heute

Positive Emotionen:

_____

_____

_____

Diese Situation / dieses Ereignis hat die Emotion ausgelöst:

_____

_____

_____

_____

_____

_____

_____

Negative Emotionen:

_____

_____

_____

Diese Situation / dieses Ereignis hat die Emotion ausgelöst:

_____

_____

_____

_____

_____

_____

_____

Datum: _____

Meine Emotionen heute

Positive Emotionen:

Diese Situation / dieses Ereignis hat die Emotion ausgelöst:

_____

_____

_____

_____

Negative Emotionen:

Diese Situation / dieses Ereignis hat die Emotion ausgelöst:

_____

_____

_____

_____

Datum: _____

Mo Di Mi Do Fr Sa So

Meine Emotionen heute

Positive Emotionen:

Diese Situation / dieses Ereignis hat die Emotion ausgelöst:

_____

_____

_____

_____

Negative Emotionen:

Diese Situation / dieses Ereignis hat die Emotion ausgelöst:

_____

_____

_____

_____

Datum: _____

Meine Emotionen heute

Positive Emotionen:

Diese Situation / dieses Ereignis hat die Emotion ausgelöst:

_____

_____

_____

_____

Negative Emotionen:

Diese Situation / dieses Ereignis hat die Emotion ausgelöst:

_____

_____

_____

_____

Datum: _____

Meine Emotionen heute

Positive Emotionen:

Diese Situation / dieses Ereignis hat die Emotion ausgelöst:

_____

_____

_____

_____

Negative Emotionen:

Diese Situation / dieses Ereignis hat die Emotion ausgelöst:

_____

_____

_____

_____

Datum: _____ Mo Di Mi Do Fr Sa So

Meine Emotionen heute

Positive Emotionen:

Diese Situation / dieses Ereignis hat die Emotion ausgelöst:

_____

_____

_____

_____

_____

_____

_____

_____

_____

_____

_____

_____

Negative Emotionen:

Diese Situation / dieses Ereignis hat die Emotion ausgelöst:

_____

_____

_____

_____

_____

_____

_____

_____

_____

_____

_____

Wochenaufgabe

Dieses Ereignis / diese Situation, das / die mir positive Emotionen bereitet hat, werde ich nächste Woche wiederholen:

_____
_____
_____

Wie mache ich das?

_____
_____
_____
_____
_____

Wann genau?

_____
_____
_____

Dieses Ereignis/diese Situation, das/die mir negative Emotionen bereitet hat, werde ich nächste Woche verändern, eliminieren oder meine Einstellung dazu ändern:

_____
_____
_____

Wie mache ich das?

_____
_____
_____
_____
_____

Wann genau?

_____
_____
_____

Was, wenn ich ständig Angst habe?

Lies es, wenn es Dich betrifft! ▼

Wusstest Du, dass Angst, obwohl sie eine negative Emotion ist, im Grunde ein von der Natur nützliches Instrument zu Deinem Schutz ist?

Die Angst hat nämlich den Zweck, bei lebensbedrohlichen Situationen den Körper zur Flucht oder zum Kampf zu befähigen und Deine Aufmerksamkeit auf Gefahrensituationen zu fokussieren. Dein innerer Wächter reagiert sofort, wenn er eine Gefahrensituation wittert.

Nur ist der innere Wächter heutzutage außer Kontrolle geraten und warnt Dich ständig - vor allem vor nicht-lebensbedrohlichen Situationen und so kommt es, dass Du von irrationalen Ängsten geplagt wirst. Selbst Mark Twain wusste bereits:

> **"**
> **Ich durchlitt tausende von Qualen und Sorgen -**
> **die meisten sind nie eingetreten.**
> **"**

Was also kannst Du gegen diese irrationalen Ängste unternehmen? Du kannst irrationale Ängste übrigens daran erkennen, dass sie Dich lähmen. Echte, begründete Ängste zwingen Dich zum Handeln.

In erster Linie begründet sich die Angst aus der Befürchtung heraus, unangenehme oder schmerzliche Erfahrungen zu machen. Dazu kann ich Dir sagen, dass die Wahrscheinlichkeit, dass diese Befürchtungen eintreffen, nicht höher ist, als die Wahrscheinlichkeit, dass sie nicht eintreffen.

Und wenn Du Dir das mal genauer überlegst, dann stellst Du fest, dass Deine Befürchtung nur eine Möglichkeit ist und dass es sicher noch tausend andere Möglichkeiten gibt, die passieren könnten. Du fürchtest Dich also vor einer Möglichkeit. Das ist doch unsinnig, oder? Sag Dir doch einfach: „Danke für den Hinweis" und schau, ob die Angst verfliegt.

Schau Dir Deine Befürchtungen näher an!

Wenn das nicht hilft, dann schau Dir die Befürchtung mal genauer an. Mach Dir erst einmal klar, welche Befürchtungen Du zu einer Sache hast, um zu ergründen, warum Du diese Angst verspürst. Wenn Du das weißt, dann male Dir den Worstcase aus, der passieren könnte und schau, ob das tatsächlich so schlimm ist. Meistens ist es das nicht.

Es gibt auch körperliche Möglichkeiten, die Angst einzudämmen, indem Du z.B. Entspannungs- oder Atemübungen praktizierst.

Oder Mentaltechniken. Dabei stellst Du Dir die angstmachende Situation vor Deinem inneren Auge vor und durchlebst sie immer und immer wieder mit einem Szenario, das positiv ist. Z.B. Wenn Du einen Vortrag halten musst und Lampenfieber hast, dann male Dir die Situation vorher genau aus. Der Ort, die Leute, Dein Platz, von wo aus Du den Vortrag hältst, das Abhalten Deines Vortrags, positive nickende Gesichter Deiner Zuhörer, Zustimmung und Applaus am Ende Deines Vortrags und ein dickes Lob vom Veranstalter oder Deinem Vorgesetzten.

 ***Wenn alles nichts nützt, dann hilft nur eins:***

> ***Ignoriere Deine Angst und sage Dir:***
> ***„Ich scheiß auf die Angst und tue es trotzdem!"***

Lust auf Challenges?

No-Nörgel-Challenge

Versuche einen Tag lang, nicht zu nörgeln, nicht zu meckern und nicht zu jammern.

No-Medien-Challenge

Versuche einen Tag ohne elektronische Medien im Privatleben auszukommen. Dazu zählen Handy, Tablet, Laptop, PC und TV.

Datum: _____

Mo Di Mi Do Fr Sa So

Meine Emotionen heute

Positive Emotionen:

Diese Situation / dieses Ereignis hat die Emotion ausgelöst:

_____

_____

_____

_____

_____

_____

_____

_____

_____

_____

_____

_____

Negative Emotionen:

Diese Situation / dieses Ereignis hat die Emotion ausgelöst:

_____

_____

_____

_____

_____

_____

_____

_____

_____

_____

_____

_____

Datum: _____

Meine Emotionen heute

Positive Emotionen:

Diese Situation / dieses Ereignis hat die Emotion ausgelöst:

_____

_____

_____

_____

Negative Emotionen:

Diese Situation / dieses Ereignis hat die Emotion ausgelöst:

_____

_____

_____

_____

Datum: _____

Meine Emotionen heute

Positive Emotionen:

Diese Situation / dieses Ereignis hat die Emotion ausgelöst:

_____

_____

_____

_____

_____

_____

_____

_____

_____

Negative Emotionen:

Diese Situation / dieses Ereignis hat die Emotion ausgelöst:

_____

_____

_____

_____

_____

_____

_____

_____

_____

Datum: _____

Meine Emotionen heute

Positive Emotionen:

Diese Situation / dieses Ereignis hat die Emotion ausgelöst:

_____   _____

_____   _____

_____   _____

_____   _____

                       _____

Negative Emotionen:

Diese Situation / dieses Ereignis hat die Emotion ausgelöst:

_____   _____

_____   _____

_____   _____

_____   _____

                       _____

Datum: _____

Meine Emotionen heute

Positive Emotionen:

Diese Situation / dieses Ereignis hat die Emotion ausgelöst:

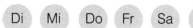

Negative Emotionen:

Diese Situation / dieses Ereignis hat die Emotion ausgelöst:

Datum: _____

Meine Emotionen heute

Positive Emotionen:

Diese Situation / dieses Ereignis hat die Emotion ausgelöst:

_____

_____

_____

_____

_____

_____

_____

_____

_____

_____

Negative Emotionen:

Diese Situation / dieses Ereignis hat die Emotion ausgelöst:

_____

_____

_____

_____

_____

_____

_____

_____

_____

_____

Datum: _____

Meine Emotionen heute

Positive Emotionen:

Diese Situation / dieses Ereignis hat die Emotion ausgelöst:

_____

_____

_____

_____

_____

_____

_____

_____

_____

_____

_____

_____

Negative Emotionen:

Diese Situation / dieses Ereignis hat die Emotion ausgelöst:

_____

_____

_____

_____

_____

_____

_____

_____

_____

_____

_____

_____

Wochenaufgabe

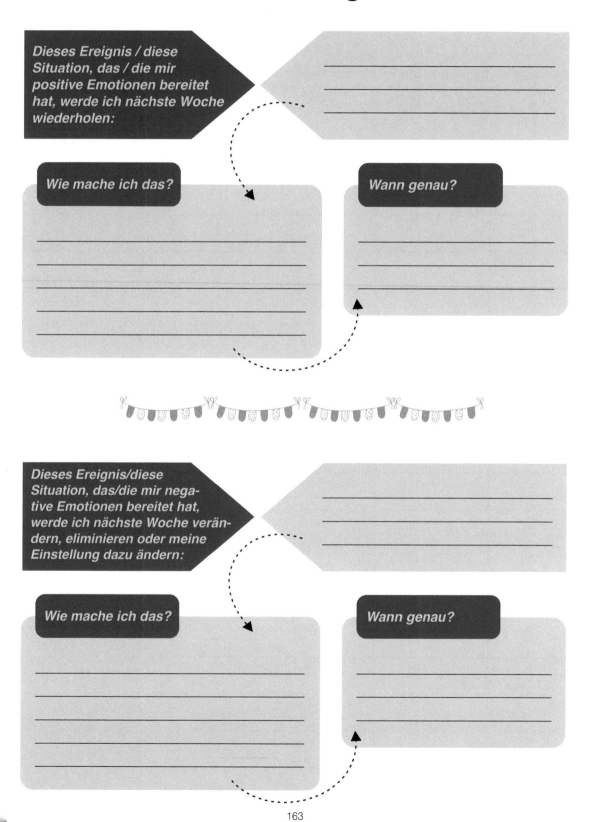

Dieses Ereignis / diese Situation, das / die mir positive Emotionen bereitet hat, werde ich nächste Woche wiederholen:

Wie mache ich das?

Wann genau?

Dieses Ereignis/diese Situation, das/die mir negative Emotionen bereitet hat, werde ich nächste Woche verändern, eliminieren oder meine Einstellung dazu ändern:

Wie mache ich das?

Wann genau?

Optimiere Deinen Tagesablauf

Gefällt Dir Dein Tagesablauf so, wie er jetzt ist? Hast Du schon mal daran gedacht, dass Du ihn auch optimieren kannst?

Trage die wichtigsten wiederkehrenden Meilensteine eines typischen Tages in die linke Spalte ein. Danach überlege Dir, ob und wie Du einzelne Meilensteine optimieren kannst. Villeicht kannst Du auch Tätigkeiten weglassen oder hinzufügen.

Uhrzeit	Tätigkeit	optimierte Tätigkeit

Uhrzeit	Tätigkeit	optimierte Tätigkeit

Am Ende ist alles gut…

… und ist es noch nicht gut, ist es noch nicht das Ende.

So, jetzt hast Du bestenfalls 15 Wochen an Deinem Glück gearbeitet und Du bist ihm viel näher gekommen, nicht wahr?

Das bedeutet nicht, dass Du jetzt aufhören sollst. Wahrscheinlich sind Dir die 3 Minuten sowieso so sehr in Fleisch und Blut übergegangen, dass Du automatisch immer weiter und weiter machst. Und das ist auch gut so, denn Dein neu gewonnenes Glück soll ja auch Bestand haben.

Du kannst total stolz auf Dich sein und Du solltest Dir jetzt noch extra was gönnen. Hast Du schon eine Idee, womit Du Dich belohnen möchtest? Oder ist Dir Dein Glück Belohnung genug?

Du kannst mir auch noch einen kleinen Teil vom Glück zurückgeben:
Bewerte dieses Buch - auf Amazon oder auf der Website:

www.mein-gluecksjournal.de

Damit hilfst Du mir immens, denn viele Rezensionen helfen diesem Buch, noch bekannter zu werden, so dass es noch mehr Menschen zu einem glücklicheren Leben verhelfen kann.

Dank an meine Glücksmenschen

Mein Dank gilt allen, die mich bei diesem Projekt unterstützt und ermutigt haben und sich die Mühe gemacht haben, dieses „Werk" im Vorfeld auf Herz und Nieren zu prüfen und ihre Meinungen und Ideen mit mir geteilt haben.

Namentlich sind das Beate, Günther, Klaudia, Bernd, Mama und Hakan. Vielen Dank, ich liebe Euch.

"
Es ist nie zu spät, glücklich zu sein!
„

Über die Autorin

Petra Körber, Diplom-Kommunikationswissenschaftlerin, zertifizierte Business-/Mental-Coach und Autorin hat in den letzten 20 Jahren große Unternehmen und Manager gecoacht und beraten, dabei konzentrierte sie sich im wesentlichen auf Führungskräfte und Teams. Sie entwickelte erfolgreiche Strategien zur Burnout-Prävention sowie zahlreiche Konzepte für das Betriebliche Gesundheitsmanagement.

Die 1969 geborene Geschäftsführerin verwendet in ihrer Praxis ausschließlich lösungsorientierte Ansätze und Methoden, die sich immer am Bedarf des Lösungssuchenden ausrichten. Dabei kommen vorwiegend Elemente aus der Gestalttherapie, Transaktionsanalyse, RET und der kognitiven Verhaltenstherapie zum Zug. Es geht im wesentlichen darum, die Bewältigungskompetenz zu trainieren, damit sich belastende Lebenssituationen auflösen können.

Ihr Schwerpunkt dreht sich vor allem um die Fragen: „Wie kann ich mich und mein Leben optimieren?" - „Wie gelingt es mir, mich unabhängig von den äußeren Umständen zufrieden und glücklich zu fühlen?"

Die Inhalte ihrer Programme entstanden aus persönlichen Erfahrungen und die Methoden, die sie entwickelt hat, hat sie selbst erprobt: Nach einer schweren gesundheitlichen und persönlichen Krise, die sie zwang, sich aus dem Berufsleben zurückzuziehen, musste sie ihr Leben neu überdenken. Seitdem widmet sie sich der Frage, welche Möglichkeiten es gibt, Lebensqualität zu maximieren. Über dieses Thema ist nun diese Glücks-Anleitung erschienen, weitere Programme sind in der Pipeline.

Literatur für noch mehr Glück

Vielleicht willst Du auch noch tiefer in die Materie einsteigen. Dazu kann ich Dir folgende Bücher empfehlen:

→ Ich könnte alles tun, wenn ich nur wüsste, was ich will, Barbara Sher, dtv premium

→ Wunsch Erfüllung Die 22 Methoden, Esther & Jerry Hicks, Ullstein Buchverlage GmbH, Allegria

→ Das Polaris Prinzip, Martha Beck, Integral Verlag

→ Lebe Deine Träume, Pam Richardson, EDITION XXL GmbH

Du bist Coach oder Trainer und möchtest Deinen Klienten zu mehr Glück verhelfen?

Dann schau Dir doch mal das Seminarkonzept zum diesem Buch an:

Ich selbst bin meines Glückes Schmied (Seninarcode: S04)
Selbstverantwortung übernehmen und glücklich leben

2-Tages-Seminar:
Wovon hängt Glück ab? Was brauchst man, um glücklich zu sein? In diesem Seminar erfahren die Teilnehmer, dass Glück nichts mit Reichtum und Erfolg zu tun hat, sondern allein aus den Umständen, die sie selbst beeinflussen können, resultiert. Neben der Vermittlung der Grundlagen des Glücks, nimmt sich das Seminar die am häufigsten genannten glücksverhindernden Hürden vor und zeigt auf, wie diese überwunden und aus dem Weg geräumt werden können. In zahlreichen praktischen Übungen kann der Teilnehmer lernen, sein persönliches Glück zu finden.

Inhalte:
→ Das Glücksprinzip
→ Negative und positive Emotionen
→ Biochemie – wie Glück chemisch funktioniert
→ Allgemeine Auslöser positiver Emotionen
→ Einstellungen, die Emotionen beeinflussen
→ Hindernisse auf dem Weg zum Glück und wie man sie aus dem Weg schafft:
　– tote Pferde
　– ständiger Ärger
　– zu teure und unerreichbare Wünsche
　– Macht der Gewohnheit = innerer Schweinehund
　– nicht wissen, was man will
　– seine Tätigkeit nicht mögen
　– sich nicht entscheiden können
　– sich immer vergleichen müssen
　– nicht nein sagen können
　– keine Akzeptanz in der Gesellschaft finden
　– kein Risiko eingehen wollen
　– Trauer

Das Seminarkonzept beinhaltet alle Materialien, die Du als Trainer brauchst:
→ Teilnehmer-Folienpräsentation = Teilnehmer-Handout
→ Leicht verständliches Trainerskript
→ Großer Praxisteil mit 11 Übungen inkl. Arbeitsbögen
→ offene, personalisierbare Dateien für Mac oder Windows
→ uneingeschränktes Nutzungsrecht

Alle Informationen und Preise findest Du auf:

www.seminare-kaufen.de

Printed in Poland
by Amazon Fulfillment
Poland Sp. z o.o., Wrocław

25251043R00098